Heinz Schuster

Gott – dich suche ich

Heinz Schuster

Gott – dich suche ich

Gebete eines kritischen Realisten

Herausgegeben von
Karl-Heinz Ohlig

Herder

Freiburg · Basel · Wien

Umschlagfoto: Erich Lessing

Vorwort

Wie heute Christ sein? Wie heute glauben? Wie heute beten? Nicht leicht und vorschnell zu beantwortende Fragen. Fragen, die herausfordern: zum Nachdenken und zum reflektierten Handeln.

Heinz Schuster, der 1986 in Saarbrücken verstorbene Lehrer der Praktischen Theologie, hat sich diesen Fragen sein Leben lang gestellt: Wie heute intellektuell redlich Christsein – heute in einer Welt widersprüchlicher gesellschaftlicher, kultureller und naturwissenschaftlicher Erkenntnisse; in einer Welt, in der rasante Entwicklungen und pluralistische Sinnangebote die Orientierung erschweren, in einer Welt, in der der Konsum die Spurensuche nach dem, was das Leben letztlich ausmacht, allzuoft verdrängt und in der der christliche Glaube für viele Menschen an Bedeutung verloren hat. Sein differenziertes Denken ließ vorschnelle Antworten nicht zu; oft war Skepsis, bisweilen auch ein Anflug von Resignation zu erkennen. Dennoch hielt er an seiner Überzeugung fest – und errang sie immer wieder von neuem –, daß das Christentum eine – oder besser: *die* menschengerechte Perspektive aufzeige, die die menschliche Existenz lebenswert machen kann.

Das Gebet ist kein theologischer Diskurs. Vielmehr verdichtet sich in ihm das theologische Denken eines Menschen zu „einfachen" Worten. In ihm wird greifbar, worum es dem Menschen geht, was ihn bewegt, wovor er Angst hat und worauf er hofft. Für Heinz Schuster führte die Beschäftigung mit der Theologie zu einer vertieften Spiritualität, in deren Mittelpunkt das Gebet steht. Solche Gebete hat er schriftlich formuliert und ihre Veröffentlichung vorgesehen. Etwa zwei Drittel der in diesem Band zusammengefaßten Gebete hatte er schon zu diesem Zweck zusammengestellt. Sein Tod hat diese Pläne durchkreuzt. Käthe Strahl hat die hinterlassenen Gebete gesammelt und mich gebeten, das Vorhaben zum Abschluß zu bringen.

In den nur geringfügig überarbeiteten Texten stellt Heinz Schuster die Frage nach dem nahen und dem fernen Gott, nach den Möglichkeiten des Glaubens in dieser Zeit, nach den Spuren Gottes in unserem Leben, nach den Möglichkeiten, das Leben mit den anderen zu teilen, nach den Anhaltspunkten im Jahreskreis, diesen Glauben zu feiern.

In den Gebeten begegnet uns ein nachdenkender Mensch, der auf der Suche danach ist, wie Christentum und Kirche zur Hilfe für den Menschen werden, zur Hoffnung, ohne billig zu vertrösten. Und so, wie es in seiner Theologie um Leben und Sterben, um Sinn und Unsinn, um

Hoffnung und Verzweiflung, um Schuld und Vergebung ging, geht es in diesen Gebeten um die Suche nach Gott, unserem Vater – eine uralte und doch immer wieder neue Aufgabe. In diesen Gebeten, auf deren Veröffentlichung seine Freunde warten, begegnet uns ein „kritischer Realist", der den Glauben erringt in den Fragen und Problemen unserer herausfordernden Gegenwart.

Der Herausgeber

Inhalt

1. Der nahe und der ferne Gott

2. Als Christ den Glauben lernen

3. Spuren Gottes in unserem Leben

4. Das Leben mit anderen teilen

5. Das Jahr hindurch den Glauben feiern

1.

Der nahe und der ferne Gott

―――――――

Gott, unser Vater

Jesus hat uns gesagt, wir sollten dich Vater nennen. Wir sollten „Vater" sagen, wenn wir vor dem Geheimnis unseres Lebens stehen; wir sollten „Vater" sagen, wenn wir keine Worte mehr finden in unserer Ratlosigkeit und Sprachlosigkeit. Wir sollten „Vater" sagen, wenn wir uns verlassen vorkommen. Und wir sollten vor allem dann „Vater" sagen, wenn wir mitten in unserem Leben eine Spur von Glück, von Liebe und von Hoffnung erfahren.

So sagen wir Vater und bitten dich, daß du uns immer neu den Mut gibst, uns in deine Hände fallen zu lassen – vertrauend wie Kinder.

Abba – oder: Die Beziehung zum Vater

Abba" sagte Jesus zu dem, unter dessen Willen er stand; der sein Schicksal bestimmte bis in den Tod; dessen Willen er tat und pries, weil er glaubte – für uns mit-glaubte –, daß sein Wille ein guter, gnädiger Wille für uns Menschen sei.

„Vater", sagte er, sollen wir das unbegreifliche Geheimnis nennen. „Abba" sollen wir sagen – wir, die wir Väter vor allem kennen als die, die uns anbinden, uns beherrschen, uns zum Widerspruch herausfordern, von denen wir uns immer neu zu lösen versuchen, von denen wir abhängen – bis wir (spät, vielleicht zu spät) entdecken, daß wir an ihnen hängen und in ihnen geborgen sind.

Gott Vater, es geht dir wie allen Vätern dieser Welt: Wir kommen nicht von dir los – aber wir protestieren dagegen, daß wir so sehr an dich gebunden sind. Und gerade in diesem Protest werden wir erwachsen und *werden* wir deine Kinder. Was wir – mit dir und gegen dich – werden, was wir in einem mühsamen Hin und Her, im Ja und Nein unserer Geschichte einmal geworden sein werden, das verdanken wir dir.

Vater, wir haben von Jesus, deinem Sohn, unserem Bruder, gelernt, wie wir mit dir reden und wie wir vor dir schweigen können. Du hast uns in deinem Sohn gezeigt, wie wir in deinem Namen alles verlieren und alles gewinnen können.

Gott sucht uns – wir suchen Gott

Wenn wir Jesus richtig verstanden haben, ist sein Vater auf der Suche nach uns – wie nach einem verlorenen Schaf. Dann hat sein Vater zwar neunundneunzig Schafe, mit denen er zufrieden sein könnte. Dann hätte er rechnerisch also keinen wirklichen Verlust, wenn er auf uns verzichtet; er hätte eigentlich „genug". Und dennoch: er sucht *uns*.

Wahrscheinlich ist das die beste Nachricht, das beste Evangelium, das man uns verkünden kann: Er sucht uns. Nicht irgendwer, sondern Gott selbst. Er braucht uns. Er wartet auf uns. Er ist unruhig, weil wir noch nicht dort sind, wo wir eigentlich hingehören.

Es ist also gar nicht verwunderlich, wenn wir selbst das Empfinden haben, wir seien noch nicht dort, wo wir eigentlich sein sollten. Es ist nicht verwunderlich, daß wir getrieben sind von der unruhigen Erwartung, da gäbe es einen, der auf *uns* wartet.

Es ist richtig und wichtig, daß wir danken, Vater, weil du die gleiche Sehnsucht, die du nach uns hast, in uns selbst gelegt hast. Wir wissen – im Gegensatz zu dir – nicht immer genau, wonach wir uns sehnen und was wir wirklich brauchen. Wir haben *vielleicht* etwas verloren, was wir unbedingt brauchen; aber wir suchen, was wir längst schon haben, und finden, was wir nicht wirklich brauchen. Und so suchen wir immer weiter, suchen letztlich ein Stück unser selbst. Laß uns in dieser Suche nicht müde werden.

Der Nahe und der Heilige

Wir danken dir, Vater, daß du in deiner Heiligkeit nicht der absolut Unnahbare geblieben bist, sondern daß du dich in Jesus ein für allemal in unsere Nähe begeben hast. Du hättest in deiner Unerreichbarkeit bei dir und für dich bleiben können. Du hättest auf der Distanz zwischen dem Göttlichen und dem Menschlichen, zwischen deiner Unberührbarkeit und den zahllosen Formen unserer Schuld, unserer Schwächen bestehen können. Aber du hast dich in unser Schicksal eingelassen, und damit steht innerhalb unserer Geschichte deine eigene Heiligkeit auf dem Spiel. *Wir* sind fähig, sie unglaubwürdig zu machen. Wir hatten es manchmal schon um ein Haar geschafft. Wir haben dich jedenfalls definitiv in das Gestrüpp unserer Menschlichkeiten, die zugleich immer auch ein Stück Unmenschlichkeit sind, hinabgezogen.

Was uns bleibt ist der Glaube, daß deine Heiligkeit im letzten stärker ist als unsere unheilige Ungerechtigkeit. Laß uns diesen Glauben, so bitten wir dich im Namen Jesu, deines Sohnes, unseres Herrn.

Die Angst vor der Zukunft

Das Evangelium, das wir in Jesus vernommen haben, meint vor allem, daß wir Menschen trotz allem keine Angst vor der Zukunft zu haben brauchen. Das war tatsächlich das beste Wort, das einer uns sagen konnte. Denn für unsere Angst gibt es Gründe genug: Da ist zunächst einmal unsere Unfähigkeit, aus den Fehlern, die wir und unsere Väter gemacht haben, zu lernen. Die gleichen Fehler, die gleichen Sünden begehen wir tausendmal. Und da ist weiter unsere Überheblichkeit, die den Gedanken verbietet, ein anderer könnte es besser machen als wir selbst. Diese Überheblichkeit macht auch dir gegenüber nicht halt – und darum bleibt dein Evangelium, das nichts anderes als Trost sein wollte, für uns auch immer ein Grund zum Mißtrauen. Ob du wirklich einen guten Ausgang unserer Geschichte garantieren kannst? Ob du dir auch wirklich im klaren bist über das Wagnis, das du mit unserer Freiheit und dieser gemeinsamen Geschichte zwischen dir und uns eingegangen bist? Ob du dich nicht in uns verschätzt hast?

Vater, laß uns irgendwann einmal verstehen, daß du in *jeden* Menschen dein Vertrauen gesetzt hast: daß du deine Geschichte nicht auf das Kalkül der Ängstlichen, der Gerechten, der rationalen Zauderer, sondern eben auch auf den Mut und die Kühnheit derer gesetzt hast, die die krummen Pfade in unserer Geschichte wählen.

Das Leben Jesu war ja auch kein glattes, wohlgerundetes Stück Geschichte. Es war, wenn wir das einmal so sagen dürfen, ein Geschick, wie es auch dir passieren konnte und mußte, wenn du dich in deinem Sohn mit uns einläßt. Aber genau darum ist dieses Stück Geschichte unser entscheidender Anfang und unsere Hoffnung geworden: Auch wir sind aufgehoben bei dir.

Gott ist die Liebe

Vater, von dir reden bedeutet: bekennen, daß du die Liebe bist und daß diese Liebe erfahrbar ist.

Daß du die Liebe bist, läßt sich mit Paulus auch anders sagen: Du bist *für* uns. Du bist nicht unser Gegner, du stehst nicht auf der anderen Seite. Bei deiner Liebe geht es nicht um dich, sondern um uns. Letztlich besteht darin unsere ganze Chance – unsere Erlösung.

Aber wir sehen auch, daß uns genau diese Liebe schwerfällt. Wir selbst können nur selten absehen von uns, wenn wir lieben. Wir sagen, wir lieben den anderen; wir seien für ihn da – oder wollen dies wenigstens. Aber immer wieder denken wir dabei auch an uns, lieben wir dabei vor allem auch uns selbst. Wir können dies nicht ändern. Könnten wir das, wären wir wie du. Also können wir an unserer Art zu lieben lernen, daß wir die Schwachen sind, die Liebe brauchen. Die einen Menschen lieben, weil wir selbst ohne diese Liebe arm, ja leblos sind. Wir brauchen unsere eigene Liebe zum anderen Menschen, um selbst Mensch zu werden. Darin unterscheiden wir uns von dir.

Der zuvorkommende Gott

Vater, wir haben allen Grund, dir zu danken und dich zu preisen, weil du nicht darauf bestehst, daß wir Tag für Tag das Letzte bringen; daß wir dir immer neu zeigen, zu welchen Leistungen wir fähig sind; daß wir ständig mit hängender Zunge beweisen, zu was wir selbst imstande sind. Du hast eben nicht darauf bestanden, daß *wir* uns selbst erlösen.

Es ist wunderbar, glauben und hoffen zu können, daß du uns immer schon zuvorgekommen bist: mit deiner Liebe zu uns, mit deiner Sorge um uns. Das endgültige Gelingen unseres Lebens hängt von dir und nicht von dem Maß unserer Leistungen ab. Wir brauchen uns niemals so abzumühen und so vollkommen zu sein, daß deine Barmherzigkeit überflüssig würde.

Wenn wir also einmal nicht mehr können, wenn wir einfach keine Lust mehr haben, wenn wir am Ende sind mit unseren armseligen Kräften, dann dürfen wir dennoch glauben, daß du uns *so,* wie wir sind, liebst.

Wir wissen zu gut: Es kommt dann auch wieder die Zeit, da stöhnen wir unter all dem, was auf uns zukommt; vor all dem, dem wir uns – auch in deinem Namen – nicht entziehen können und wollen. So wie Jesus, dein Sohn und unser Bruder, seinen Geist zwar in deine Hände gelegt hat, und dennoch bereit war, selbst die letzte Konsequenz seiner Hoffnung auf dich und seiner Liebe zu uns zu tragen.

Aber diese letzte Konsequenz ist schon für uns geleistet. Unsere Nachfolge ist nicht mehr Bedingung für unser Heil, sondern der Versuch der Antwort und des Dankes.

Der Fremde

Gott, du bist weit entfernt und fremd für uns. Aber wir glauben, daß wir für dich keine Fremden sind. Du hast uns in Jesus gezeigt, daß das Menschliche ein Stück deiner selbst ist. Deine Gnade besteht also nicht nur darin, daß du uns duldest. Deine Gnade besteht vielmehr darin, daß du uns und unser Menschsein an dich selbst genommen hast.

Was uns rätselhaft, unberechenbar, unerträglich, unverzeihlich an uns Menschen vorkommt, das ist dir also vertraut. Und genau darin besteht unsere Überlebenschance: Wir sind dir anvertraut, in deinem Vertrauen aufgehoben. Du glaubst an uns, ehe wir auch nur begonnen haben, ein Stück Glauben an dich zu riskieren. Du hältst an uns fest, auch wenn wir gegen dich protestieren. Du willst, daß wir das Leben haben, auch wenn wir in der Angst vor dem Tod vergehen.

Gottes unsichtbares Angesicht

Gott, wir kennen dein Angesicht nicht. Und im letzten verstehen wir das Wort nicht, daß kein Mensch dein Angesicht sehen und am Leben bleiben könne. Wir möchten dich sehen, aber wir sind nicht in der Lage dazu. Im letzten sehen wir nämlich immer auf uns selbst; wir sind fixiert auf uns, als ob wir der Nabel der Welt wären. Mach du unsere Augen sehend, mach du unsere Ohren hörend, schließ du unsere Sinne auf für das andere, für das Neue und Wunderbare, in dem du dich verborgen hast.

Nimm uns die Angst vor dem Geheimnis, das du bist und bleibst. Blende nicht unsere Augen mit dem Licht deines unsichtbaren Angesichtes. Laß uns glauben, daß du mitten unter uns bist und uns hältst.

Das Schweigen Gottes

Vater, wir haben durch Jesus gelernt, aus menschlichen Worten dich selbst herauszuhören. Das ändert aber nichts daran, daß du der in keinem Satz zu fassende, niemals definierbare Gott bist. Und es ändert nichts daran, daß dein Schweigen für uns schmerzlich sein kann. Wir wünschen oft, daß du dich lauter und vor allem eindeutig zu Wort meldest; daß du selbst sagst, was du von uns hältst und was wir tun sollen.

Wir werden mit deinem Schweigen leben müssen. Aber wir werden auch versuchen zu verstehen, daß du dich dennoch meldest; daß du im kleinen, überhörbaren Wort des Menschen sprichst, der von seiner Not redet und von seiner Hoffnung singt. Gib uns die Ohren, die nicht nur auf die Worte der Mächtigen, der Logischen, der Professionellen hören. Die vielmehr auch vernehmen, wie richtig die Worte derer sind, die am Rande unserer perfektionierten Kommunikation von ihrer Hoffnung reden. Gib uns das Herz, das solche Worte versteht als Worte, die uns über uns selbst und unsere schwache Hoffnung mehr sagen als die vielen Theorien, die unserem Verstand entwachsen sind – und die vielleicht „stimmen", aber nicht trösten; die vielleicht klug sind, aber nicht gütig; die von vielen Sachen reden, aber nicht von der Zukunft, die wir brauchen.

Der erbarmende Gott

Würdest du, Herr, immer unserer Sünden gedenken, Herr, wer könnte dann bestehen?

Würdest du uns messen an dem, was uns mißraten ist, was wären wir dann vor dir?

Würden wir in jedem Fall wissen, welche vielfältigen Folgen unsere Entscheidung von heute für die Zukunft hat, wer könnte dann ohne Zittern noch etwas tun?

Würden wir die Zukunft, die wir heute – wissend oder nichtwissend – mitentscheiden, in jedem Detail kennen, wer würde diese Zukunft noch eine Hoffnung nennen?

Aber bei dir ist das Erbarmen, Herr, und die Erlösung für uns. Bei dir ist nicht die kleinliche Rache, die jeden Mißerfolg aufrechnet, bis von unserem Bemühen, von unserem guten Willen nichts mehr übrigbleibt. Bei dir ist die Vergebung, Herr. Und dein letztes Wort über uns heißt nicht, daß wir Sünder sind, sondern Kinder, für die du einen Platz hast.

So glauben wir in der Erinnerung an Jesus, deinen ersten Sohn, der zum Zeichen der Vergebung immer wieder mit Sündern zusammensaß und sie zu seinen Freunden machte.

Der Himmel – Platz bei dir

Vater, offensichtlich hast du uns geschaffen als Wesen, die nicht zufrieden sind mit dem, was sie fassen, begreifen, berechnen können. Wir sind Wesen, die lieben, die hoffen, die glauben, die Angst haben, die – manchmal – mutig sind. Wir haben Sehnsucht, wir träumen. Und bei alldem haben wir einen Grund – aber begründen, so daß für jeden einsichtig wäre, *warum* wir lieben, hoffen, träumen, können wir von alledem fast nichts. Wir reden vom Himmel und glauben manchmal sogar zu wissen, was wir damit meinen. Aber während wir davon reden, haben wir nichts erklärt.

Du hast uns so gewollt, daß wir niemals mit weniger zufrieden sind als mit allem; daß wir nicht mehr und nicht weniger haben wollen als einen Platz bei dir selbst. Laß uns diesen hartnäckigen Glauben, daß du einen Platz hast für uns, so wie wir die Sehnsucht haben, einen Platz zu haben bei dir.

2.

Als Christ
den Glauben lernen

Ich glaube – hilf meinem Unglauben

Vater, wenn wir sagen, daß wir an Jesus glauben und an sein Evangelium von deiner unbedingten, unbeirrbaren Liebe zu uns, dann ist das nur die halbe Wahrheit. Die andere ist, daß uns der Mut fehlt, uns *ganz* auf dich zu verlassen. Wir glauben – und haben noch immer Angst um uns. Wir haben eine unausrottbare Neigung, uns *selbst* abzusichern – auch gegen dich. Im Grenzfall verlassen wir uns lieber auf uns selbst – und merken zu spät, daß wir dann wirklich verlassen sind. Im Grenzfall sammeln wir Verdienste und Erfolge, um sie wie Guthaben bei dir einlösen zu können. Wir möchten uns deines Wohlgefallens versichern – aber wir glauben ihm nicht.

Vater, wir bitten dich im Namen deines Sohnes: Schau nicht auf unseren Unglauben. Schau nicht auf die krämerhafte Berechnung des Glaubens, den wir uns mühselig abringen. Schau auf unseren Willen, dich von ganzem Herzen zu suchen – auch wenn unser ganzes Herz immer nur ein halbes Herz ist.

Glauben lernen

Vater, es ist gar nicht so einfach für uns zuzugeben, daß gerade das, um das wir uns am meisten mühen, mit dem wir uns Tag für Tag herumquälen, letztendlich deine Gabe, dein Geschenk an uns ist. So geht es uns mit unserem Glauben: Je mehr wir ihn begreifen möchten, um so weniger gelingt es uns. Je mehr wir um ihn kämpfen, um so mehr verlieren wir ihn. Aber wenn wir ihn *nicht* suchen, wenn wir ihn uns täglich *nicht* aus dem Herzen ringen, dann wird alles dunkel; dann bist plötzlich auch du nicht mehr da. Dann sind wir leer.

Gott, wir bitten dich, laß uns, wenn wir uns leer und verzweifelt fühlen, wenigstens an unseren eigenen Glauben glauben. Laß uns daran glauben, weil immer du zuerst an uns glaubst, und weil darin unsere ganze Hoffnung besteht.

So hat es uns Jesus, dein Sohn und unser Bruder, vorgelebt, der sich in der aussichtslosen Situation vor seiner Kreuzigung und in der letzten Verlassenheit auf dich verließ.

Wir brauchen dich

Vater, so hilflos wie wir ist kein Lebewesen, wenn es sein Leben beginnt. Wir brauchen Schutz, Nahrung, die Nähe eines anderen, seine Sorge vom Morgen bis zum Abend, bis wir auch nur annähernd fähig sind, einigermaßen selbständig zu leben. Im Grunde bleiben wir immer angewiesen auf einen, der uns leben hilft, können wir überhaupt niemals wirklich allein, ein-sam leben.

Wenn wir dich Vater nennen, sagen wir, daß wir grundsätzlich nicht sein können ohne dich. Und wenn wir meinen, so erwachsen zu sein, daß *wir* für einen anderen gut sind, dann schließt sich nur jener Kreis: In dem Maß, in dem wir anderen etwas hergeben von uns, geben sie uns das, was *wir* brauchen. Wir *brauchen* eben. Und dieses Wort sagt, daß wir, um zu sein, nicht alles aus uns und bei uns selbst haben. Wir brauchen die Liebe des anderen, weil wir sie durch narzißtische Selbst-Liebe nicht ersetzen können; wir brauchen das kritische und aufmunternde Wort des anderen, weil unsere eigene Reflexion uns auf unseren Horizont fixiert.

Vater, wir haben von Jesus gelernt, daß das menschliche Leben sinnvoll wird, wenn es sich ver-braucht, scheinbar vergeblich und, von außen betrachtet, scheiternd. Gib uns die Kraft, diese Wahrheit nicht zu vergessen und dann „Vater" sagen zu können.

Die Angst vor uns selbst

Vater, du hast alles darangesetzt, uns Menschen die Angst zu nehmen. Du, der Unbegreifbare, bist für uns durch Jesus Christus greifbar geworden in deiner grenzenlosen Barmherzigkeit.

Aber wir selbst haben nun einmal unsere Unschuld verloren. Wir sind für dich unberechenbar geworden, weil wir zu jeder Untat fähig sind, wenn es darum geht, uns selbst zu retten, uns durchzusetzen, uns groß zu machen – selbstverständlich auf Kosten der anderen und niemals von uns selbst.

Zu unserer Angst gehört das Grauen vor dem, zu dem wir fähig sind, zu dem wir uns hinreißen lassen, wenn es um uns und unsere eigensüchtigen Interessen geht.

Du hast uns gesagt, daß es für uns Hoffnung gäbe; daß es Hoffnung gäbe, weil du nicht gegen uns bist, weil deine Güte unsere Erbärmlichkeit aufwiegt. Aber unsere Hoffnung kämpft einen ewigen Kampf gegen unsere Angst; wir kennen uns einfach zu gut.

Aus unserer Angst gibt es nur eine Er-lösung: Wir müssen unser Leben teilen, wie es Jesus mit seinen Freunden getan hat. Wir müssen das, was wir unbedingt haben wollen, nicht verteidigen. Darum teilen wir miteinander in der Eucharistiefeier Brot und Wein, um zu sagen: So teilen wir miteinander Freude, Trauer, Angst, Glück, Hoffnung und vor allem jenes kleine Stück Liebe, zu dem wir trotz allem fähig sind.

Hoffnung wider alle Hoffnung

Vater, die Menschen haben schon viele Worte erfunden, um dich zu benennen. Und sie sind noch nicht am Ende mit ihren Versuchen. Doch es wird immer wieder so sein, daß sie von sich reden, aber dich meinen. Sie reden von ihrer Verzweiflung und meinen, es könnte vielleicht doch Hoffnung geben. Sie reden von dem kleinen Glück, das ihnen begegnet ist, und meinen, hinter diesem Glück könnte ein Wille stehen und nicht ein bloßer Zufall. Ein Wille, der wirklich den Menschen selbst meint; der dem Menschen gut gesonnen ist. Ebenso haben die Menschen immer wieder ihren Zorn gegen den Himmel geschleudert, in der Hoffnung, es gäbe einen, den man wenigstens mit Zorn treffen kann – hinter allen Rätseln des menschlichen Lebens.

Wir bitten dich im Namen Jesu, daß du die Hoffnung des Menschen, wie auch immer sie sich äußert, nicht untergehen läßt. Laß ihr eine Chance, und laß uns dieser Chance nicht im Wege stehen.

Pflicht zur Liebe?

Die Frage, ob Gott seine Pflicht uns gegenüber erfüllt hat, zeigt, welch seltsame Geschichte unsere Wörter hinter sich haben. „Gott *muß* niemals etwas tun", haben wir in unserem Jugendkatechismus gelernt; er hat keine Pflichten, es sei denn: sich selbst gegenüber.

Aber genau diesen Gott kennt Jesus nicht. Er kennt vielmehr den, der sich um uns sorgt. Und dies nicht in einem spontanen Einfall von Barmherzigkeit oder Mitleid, sondern aus einer Bindung an uns. Und von dieser Bindung kommst du, Vater, nicht los. Wenn wir mit Jesus glauben, daß du uns liebst, dann bedeutet das, daß wir uns in dem Maß restlos auf dich verlassen, in dem du dich auf uns eingelassen hast. Du wirst uns treu bleiben – auch wenn wir selbst nicht wissen, wieso man uns trauen kann. Du wirst dich um uns sorgen, gerade dann, wenn wir meinen, wir brauchten außer uns keinen anderen – und am wenigsten dich.

Was uns aber immer neu überrascht ist die Tatsache, daß du in deiner Liebe zu uns nicht auf ein Tauschgeschäft aus bist: Du willst uns mit deiner Liebe nicht in erster Linie ver-pflichten – sondern befreien. Wenn wir dich lieben können, dann ist es die Konsequenz, die unser eigenes Herz zieht, und nicht der Händlergeist, der sich geniert, nicht auf Heller und Pfennig bezahlt zu haben für das, was er erhalten hat.

Bitten – beten

Die Geschichte der Christen ist nicht denkbar ohne ihr Beten. Dabei dreht sich ihr Leben immer um den Glauben, daß Gott auf ihrer Seite steht; daß hinter *jedem* Menschen der gute, freundliche Wille Gottes steht, der allein für den Menschen Heil und Sinn bedeutet.

Die Christen empfinden sich also nicht als Bettler, die zittern müßten um ihr Leben. Ihr Gott besteht nicht darauf, daß sie mit ihrem Bauch am Boden kriechend um Erbarmen betteln müssen. Ihr Gott hat gewußt, was sie brauchen, noch ehe sie ihn darum bitten konnten. Und dennoch – beten und bitten sie weiter. Das ist kein Widerspruch. Das ist nichts anderes als das Geheimnis der Liebe, die weiß, daß Liebe immer ein Geschenk bleibt; ein Geschenk, um das man bittet, um es zu haben, und das man verliert, wenn man es als eine Selbstverständlichkeit zu „haben" meint.

Vater, du weißt, was wir brauchen. Laß dich bitten, daß du der bleibst, der uns liebt und der unsere Sorgen kennt. Aber laß uns auch sagen, wo wir leiden, wo wir nicht weiterkommen, wo wir angewiesen sind auf dich, den immer wieder anderen. Wir glauben, daß du uns nicht verläßt; aber wir werden und können niemals sagen: wir *haben* alles. Denn dich „haben" wir nie.

Unser tägliches Brot

Obwohl wir eigentlich seit zweitausend Jahren gelernt haben müßten, um unser tägliches Brot zu *bitten,* stehen wir Christen in der Welt von heute vielfach da als die, die sich ihr tägliches Brot einfach nehmen, ohne lange zu fragen und zu bitten. Wir erheben Ansprüche – aber wir bitten nicht lange. Wir setzen unsere Wünsche durch, und wir fragen nicht, wer auf der Strecke bleibt, wenn wir uns durchgesetzt haben. Und das tun wir, wenn es um große wirtschaftliche Durchsetzungen geht, genauso wie im kleinen privaten Bereich. Wir zahlen lieber, als zu bitten. Wir kalkulieren, statt zu hoffen. Wir nehmen, statt zu warten.

Wenn wir uns an Jesus erinnern, müßten wir bedenken, daß man im letzten nicht lebt von dem, was man sich nimmt, sondern von dem, was einem geschenkt wird. Wir sind nicht das, was *wir* aus uns machen, sondern was andere in ihrer Liebe, mit ihrem Verständnis, mit ihrem Vertrauen zu uns aus uns gemacht haben. Wir sind also wirklich aus-geliefert: dem anderen, der sich mit uns teilt – oder sich uns verweigert. Und der andere hat eine Chance nur, wenn wir mit ihm teilen – was wir haben und was wir sind.

Mühsames Beten

O Gott, keiner weiß wie du, wie müde wir im Beten geworden sind. Einmal hatten wir das Beten gut gelernt. Wir haben morgens, mittags, abends gebetet. Wir haben für Großes und Kleines gebetet. Woran wir uns genau erinnern: Wie oft wir umsonst gebetet haben. Was wir vergessen haben: Wie oft uns das Beten (oder die Zeit oder unser Vergessen) erlöst hat von unseren Sorgen.

Unseren Kinderglauben haben wir wund gebetet – so weit, bis wir an den Bodensatz des Zweifels geraten sind, der bei einem Kinderglauben viel größer ist, als Kinder vermuten und ertragen können. Jetzt ist es unser Unglaube, der zu dir betet. „Ich glaube, hilf meinem Unglauben" ist eines der ältesten christlichen Gebete. Warum nicht auch unseres?

Aber wer sagt, daß die skeptischen Worte vom tiefsten Grund eines gläubigen Herzens, das von sich selbst nur noch weiß, daß es eher un-gläubig als gläubig, eher zitternd als stark, eher verzweifelt als hoffnungsfroh ist, von dir nicht gehört werden? Wer sagt, daß wir dir nur mit Kraft, mit Glaubens-Kraft, beweisen können, daß wir dich brauchen?

Und was sonst meinen unsere Gebete? Wir brauchen dich. Wir brauchen dich vor allem zum Glauben. Hilf unserem Unglauben!

3.

Spuren Gottes
in unserem Leben

Spuren Gottes

O Gott, wenn wir an Jesus denken, dann denken wir an das kleine, unsensationelle Leben des Menschen mit der stolpernden Suche nach ein wenig Glück, mit den kläglichen Versuchen, den anderen ein wenig glücklicher zu machen, mit der linkischen Art, eine unter Umständen sehr nebensächliche Aufgabe durchzuhalten in der Hoffnung, daß sich ihr eigentlicher Sinn einmal herausstellt, mit der eigensinnigen Hoffnung, daß der Tod nicht so tödlich ist, wie er offensichtlich scheint, mit der oft gar nicht so spontanen Dankbarkeit für die Erlebnisse, die sich als gute Erfahrung in unserem Gedächtnis gehalten haben und nicht – wie vieles andere – ganz rasch in die Vergessenheit zerronnen sind – dann denken wir daran, daß genau dies einen Sinn zu haben scheint. Dürfen wir darauf setzen, hier den Spuren einer umfassenden Sinnhaftigkeit, die wir Gott nennen, zu begegnen?

Wirf deine Sorgen auf den Herrn

O Gott, daß wir Sorgen haben – mit uns, mit anderen Menschen, mit unserer Zukunft und unserem Weiterkommen in dieser Zukunft –, das läßt sich einfach nicht aus der Welt interpretieren. Und bei all dieser Sorge gibt es auch Angst, warum sollten wir das verschweigen. Aber es ist gut, uns daran zu erinnern, daß wir Sorgen und Angst auch auf dich werfen können.

Dann sieht die Welt tatsächlich anders aus: Dann bleiben Sorge und Angst ein wenig auf Distanz; dann können wir trotz der Sorge Menschen lachen sehen; dann haben Sonne, Berge, Straßen, Häuser, Tage und Nächte ein anderes Gesicht – und damit: einen anderen Sinn.

Mache uns fähig, uns loszulassen und auf dich zu setzen.

Zeit

Gott, du hast die Zeit geschaffen. Philosophen sagen, du selbst seist zeitlos; du seist der Ewige. Kein Wunder, wenn wir auf diese Idee von dir kommen; denn wir erfahren die Zeit als etwas sehr Menschliches, keinesfalls immer als Glück. Vergangenheiten können uns quälen, sie blockieren uns und legen uns fest auf Gewohnheiten, auf Systeme, die wir nicht mögen. Die Gegenwart ist so ausgespannt zwischen gestern und morgen, ist so verstrickt zwischen dem, was schon nicht mehr gilt, und dem, was noch nicht richtig zu greifen ist, daß sie uns zur Verzweiflung bringen kann. Und die Zukunft gar – sie ist dunkel, sie macht Angst, sie ist am leichtesten zu ertragen, wenn wir die Augen vor ihr verschließen. Kein Wunder also, daß wir uns dich nur vorstellen können als einen, der von der Qual der Zeit verschont ist.

Aber du hast dich nicht geschont. Du hast die Geschichte geschaffen. Nicht für uns, sondern als einen Ausdruck deiner eigenen Freiheit. Du bist nicht der, der nur das Jetzt kennt. Du kennst das Gestern und das Morgen, und darum kannst du barmherzig sein mit dem Menschen, dessen Schicksal seine Geschichte ist.

Vater, wir wären längst an unserer Geschichte verzweifelt, wenn wir nicht mitten in dieser Ge-

schichte durch Jesus, deinen Sohn, den Mut gelernt hätten, wie wir ihn für unsere Geschichte
brauchen. Weil du Anfang und Ende bist, ist unsere Geschichte nicht aus-sichtslos, haben wir
Hoffnung; unsere Geschichte kann zu einem
spannenden, befreienden Erlebnis werden.

Zeit zur Liebe

Vater, wir Menschen sind auf den ersten Blick alles andere als liebenswürdig. Darum ist es immer neu überraschend für uns zu hören, daß du uns liebst. Es kann nicht daran liegen, daß wir faszinierend für dich sind. Der Grund muß bei dir liegen. Du mußt eine Schwäche für uns haben. Und auf eine bestimmte Weise brauchst du uns. Du brauchst uns wohl nicht, um an unserer Schwachheit deine Größe zu profilieren; um unserer Sündigkeit deine makellose Heiligkeit entgegenstellen zu können. Aber du brauchst uns, weil du die Liebe bist. Weil du das andere von dir selbst nicht haßt, wie man das haßt, was einen bedroht, sondern weil du aus deinem Wesen heraus dem andern überhaupt die Möglichkeit gibst zu sein: neben dir zu sein, ein Gegenüber, ein Partner für dich zu sein. Wenn wir glauben, daß du die Liebe bist – und im Grunde glauben wir nichts anderes –, dann glauben wir, daß du *uns* willst. Nicht als ein minderwertiges Duplikat von dir. Nicht als einen Einfall einer Laune, sondern als den wirklichen anderen, mit einer anderen Freiheit, mit einer anderen Schwäche und mit einer anderen Größe.

Aber eines verbindet uns: die Liebe. Nicht so sehr die Liebe zu dir. Sie ist schwer, denn du bist einfach zu fern. Aber da sind diese anderen von uns, die Nächsten. Sie können uns reizen, quälen, bedrohen – und wir haben seit Jahrtausenden Methoden entwickelt, uns dagegen zu wehren. Aber plötzlich merken wir, daß sie wichtig sind für uns. Daß wir sie brauchen, daß wir sie lieben. Wir brauchen viel mehr Zeit dafür als du. Aber genau dafür hast du uns ja auch Zeit gegeben. Zeit, um zu unserer Liebe zu kommen; um aus den Kreisen unseres Egoismus zu entfliehen. Zeit, um in dein Schicksal hineinzutauchen.

Das Leben behalten – das Leben verlieren

Vater, wir glauben, daß es uns Menschen gibt, weil du nicht allein sein willst! Was du bist und hast, wolltest du nicht für dich allein sein und haben; darum sind wir.

Du bist also der erste, Gott, der sich unter jenes Gesetz des Weizenkorns gestellt hat: Wenn es nicht in die Erde fällt, bleibt es allein! Du bist in diese Erde hineingefallen, du hast dich eingelassen in eine Geschichte, die nicht mehr allein deine Geschichte war. Und dieses Unterfangen, das uns waghalsig und unglaublich vorkommen muß, war die letzte Konsequenz eines Wesens, das eben nicht darin besteht, sein Leben für sich zu behalten, sondern es mit anderen zu teilen.

Kein Mensch kann im letzten dein Wesen verstehen. Und vor allem: niemand kann es nachvollziehen. Einzig diesem Menschensohn Jesus ist es gelungen, sein eigenes Leben so zu verlieren, daß er es für sich und uns neu gewann. Und darum nennen wir ihn mit Recht deinen Sohn, dein Abbild. Wir leben von seinem Tod. Wir haben eine Chance, weil er auf seine letzte Chance verzichtet hat. Wir haben gewonnen, weil er bereit war, der Verlierer zu sein.

Vater, wir verstehen das zwar niemals ganz – aber wir ahnen, daß wir davon leben.

Freude

Manchmal scheint es so, als ob es sich beim Christentum um eine todernste Sache handelt: es geht ja um gewichtige Dinge wie Leben und Tod, Heil und Unheil. Und so kommt es, daß das Evangelium gar nicht so sehr als eine „frohe Kunde" verkündet wird, sondern als ein ernstes, strenges, ja unerbittliches Programm. Dabei hat Jesus alles andere als ein Programm gemeint, als er mit seinem Evangelium den Menschen gegenübertrat. Er hatte den Menschen die Freude zuzusagen, eine Freude, die vollkommen werden könne.

Die vollkommene Freude gewinnt der Mensch nicht auf einen Anhieb. Er muß sie langsam erwerben – mit vielen kleinen Versuchen. Er muß das Lachen durch das Lächeln lernen; er muß die Angst vertreiben, indem er anfängt, im Dunkeln zu pfeifen; er muß über die Geheimnisse so plaudern, daß sie ihre Bedrohlichkeit verlieren; er muß eine lustige Geschichte erfinden, um Herr über die eigene dunkle Geschichte zu werden.

Vater, du hast eben nicht gewollt, daß wir in Furcht und Zittern über dich reden und über den Plan, den du mit uns hast. Nein, du wolltest unsere Freude. Aber wie oft sind wir kleinlich: kleinlich in unserem Mut, kleinlich mit der Liebe, kleinlich mit der Freude, die du uns in überreichem Maß bereiten willst.

Spielen – Lachen aus Gott

Gott, du hast dir nichts beweisen müssen, als du die Welt und den Menschen geschaffen hast. Es hat dich keiner verpflichtet, etwas aufzubauen, etwas zu leisten. Was du gemacht hast, war letztlich wohl ein Spiel mit deinen Möglichkeiten – ein Spiel, in dem es keinen Verlierer geben sollte, sondern nur solche, die sich ihres Lebens freuen.

Wir können uns drehen und wenden, wie wir wollen, wir kommen wohl nicht um die Erkenntnis herum, daß wir es waren, die dir dein Spiel verdorben haben. Die kleine Freiheit, die kleine Macht, die du uns gegeben hast, haben ausgereicht, um all das zu zerstören, was eigentlich einmal harmonisch, friedlich, erfreulich sein sollte in dem Verhältnis zwischen dir und uns. Und seitdem laufen wir jenem Glück hinterher, das am Anfang stand. Wir suchen ein Paradies, von dem wir zumindest hoffen, daß es dies einmal gab. Wir suchen den Frieden, von dem wir spüren, daß es ihn einmal gegeben haben muß.

Herr, unser Vater, wenn es nicht so kindisch klingen würde, würden wir dich bitten, daß du noch einmal von vorne mit uns anfängst. Manchmal, wenn uns die kleine Freude oder sogar ein Lachen überfällt, scheint es uns doch, als hätten wir noch einmal einen Zipfel jenes Anfangs in der Hand. Nimm uns noch einmal an der Hand und führe uns an *das* Ende, in dem wir das Glück und das Lachen wiederfinden, das einmal an unserem Anfang gestanden haben muß. So bitten wir dich in der Erinnerung an Jesus, der uns das Evangelium von deiner gütigen Nähe verkündet hat.

Das Geheimnis des Lachens

Gott, unser Leben ist wirklich nicht immer zum Lachen. Am wenigsten, wenn wir beginnen, über dieses Leben nachzudenken; wenn wir daran denken, wie sehr wir uns und andere quälen; wie scheinbar unvermeidlich die Schuld ist, die Not unter den Menschen, die Ungerechtigkeit. Und spätestens vergeht uns unser Lachen, wenn wir an das unausweichliche, tödliche Ende unseres Lebens denken.

Aber manchmal lachen wir dennoch. Im Grunde wissen wir nie genau, wann und woher dieses Lachen kommt. Gewiß: unter Freunden lacht es sich leichter und öfter. Aber auch sie sind keine Garantie dafür, daß das Lachen kommt. Unser Lachen hat oft keinen Grund, den wir festmachen können. Es kommt und geht, es überkommt uns und verläßt uns, ohne daß es sich lange legitimiert oder entschuldigt. Unser Lachen hat ein Geheimnis um sich, von dem wir manchmal wohl zu Recht glauben, es sei ein Stück des Geheimnisses, das du selbst bist. Es ist jedenfalls gut, wohltuend, es macht Hoffnung oder ist ein Zeichen dieser Hoffnung. Das Lachen, die Freude, die Freundlichkeit, die Heiterkeit machen aus uns den anderen Menschen. Vielleicht den Menschen, den du dir gedacht hast.

Laß uns diesen Glauben, wenn wir auch sehr

wohl wissen, daß ein solcher Glaube – wie aller Glaube und alle Hoffnung und alle wirkliche Liebe – lächerlich erscheinen mag für den, der ihn nicht teilen kann.

Resignation?

Vater Jesu und unser Vater, wenn wir uns an Jesus erinnern und wenn wir in dieser Erinnerung unser Tun und Denken messen am Tun und Denken Jesu, dann haben wir oft wenig Grund zu jubeln. Und schon gar keinen, mit uns zufrieden zu sein. Es ist eher die Frage, wie wir mit der drohenden Resignation fertig werden.

Wir sind in einer ähnlichen Situation wie die Jünger nach dem Tod Jesu: Sie hatten erlebt, wer und wie der Mensch sein kann, aber sie hatten kein Rezept, wie man konkret die Menschlichkeit auf Dauer durchsetzen und durchhalten kann. Sie hatten das Gesetz der Liebe erfahren und damit das Ende der Moral, die allein auf Konformität mit dem Gesetz ausgerichtet ist; aber sie hatten noch keine Erfahrung, wie weit der Mensch überhaupt in der Lage ist, ohne die scheinbare Sicherheit des Gesetzes zu leben. Wie weit es ihm möglich ist, nicht nur seine eigene, sondern auch die andere, fremde, unerwartete Spontaneität zu ertragen.

Wir müssen immer von neuem anfangen. Mit nichts in den Händen als der Hoffnung, daß man das wirklich Leben nennen kann, was Jesus gelebt hat. Und daß dieses Leben sich auch dann noch als sinnvoll enthüllt, wenn es im Augenblick als mißglückt erscheint. Diese Hoffnung brauchen wir auch für all das, was wir Christen heute tun. Wir werden nicht aufhören mit unseren Versuchen, aber wir werden auch nicht loskommen von unserer kritischen Skepsis.

Hunger nach Gerechtigkeit

Vater, wenn wir uns an die Botschaft Jesu erinnern, dann müssen wir dir danken dafür, daß du unseren Hunger und Durst nach Gerechtigkeit verstanden hast. Wir glauben, daß es dein ureigenes Wort an uns ist, wenn Jesus uns sagte, daß nicht die selig sind, die die Gerechtigkeit darin gefunden zu haben glauben, daß sie selbst die Auserwählten, die Privilegierten sind; nicht die selig sind, die am richtigen Ufer, in der richtigen Religion und im richtigen Glauben geboren worden sind; nicht die es sind, die den richtigen Gott gehört zu haben glauben, weil sie allein die richtigen Ohren haben zu hören. Denn du bist nicht der, der sich den einen offenbart und den anderen verschließt; den die einen immer schon haben und den die anderen immer nur suchen.

Selig – sagst du – sind die, die Hunger und Durst haben; die Hunger haben, auch wenn sie gegessen und getrunken haben. Die hungriger geworden sind bei den wenigen Krümeln an Verständnis, Erkenntnis, Glaube und Hoffnung, die sie in ihrer Geschichte aufgelesen haben.

Selig sind die Unersättlichen, die nicht zu bestechen sind mit jenem Zipfel Gerechtigkeit, wie er ab und zu von uns Menschen erhascht werden kann. Die ein wenig mehr Rechte und Rechtssicherheit nicht verwechseln mit der Gerechtigkeit, die satt macht und die allein du gibst.

Das verlorene Schaf

Vater, obwohl es unsere ureigene Geschichte ist, werden wir immer wieder von neuem ansetzen müssen, um die Geschichte vom verlorenen Schaf zu verstehen: Wir sind nie, auch wenn es uns so scheint, die schon Geretteten; wir sind nie die schon Gerechten; wir sind und bleiben eingeklemmt in das Gestrüpp unserer eigenen Geschichte, in der Gut und Böse, Mut und Trägheit, Unsicherheit und falsche Selbstsicherheit, Güte und mit allen Farben getarnter Egoismus miteinander verwoben sind.

Aus diesem Gestrüpp, so müßten wir längst verstanden haben, kommen wir *allein* nicht heraus. Wir brauchen den anderen. Und wir brauchen ihn ganz dicht bei uns.

So dicht, wie Jesus, dein Sohn, sich zu uns begeben hat. Er hat sich identifiziert mit uns. Er hat sich so wenig von uns distanziert, daß wir an ihm unsere ganze Menschlichkeit wahrnehmen können. Und gerade so hat er uns befreit: Wir haben erkannt, daß es für uns eine Chance mitten im Gestrüpp unserer Geschichte gibt.

Sünder sind wir

Vater, wir haben allen Grund, dir zu danken. Es wird uns immer von neuem klar, daß wir nicht vollkommen sind, daß uns vieles mißlingt, daß wir viele um uns herum enttäuschen. Wir sind wirklich die Sünder, als die uns Jesus gesehen und angesprochen hat.

Aber du bist größer als unser Herz. Du bist nicht nur bereit, uns zu vergeben, so wie wir von Fall zu Fall auch einmal gnädig sind mit dem anderen, du akzeptierst uns vielmehr so, wie wir sind. Du liebst uns. Aber das bedeutet eben nicht, daß du einverstanden sein kannst mit der Anmaßung, mit der wir uns immer wieder zum Maßstab der ganzen Welt machen.

Vater, es ist gut, daß du mit uns barmherzig bist. Aber laß ein Stück von deiner Barmherzigkeit auch dort greifbar werden, wo wir leben, wo wir sie unmittelbar brauchen. Gib uns Freunde, die uns tolerieren, und wenn sie uns noch so sehr kritisieren müßten. Gib uns selbst die Geduld mit denen, die anders sind, anders urteilen, anders entscheiden als wir. Mach es möglich, daß wir selbst immer wieder umkehren und damit den anderen eine Chance geben für einen neuen Anfang.

Unsere Freiheit – Gottes Geduld

Gott, es gibt Zeiten, in denen es schwerer ist als sonst, dir zu danken, weil wir fixiert sind auf das, was uns bedroht, was uns unerklärlich ist, all das, von dem wir in unserer Naivität meinen, es könnte anders sein, wenn du uns anders gemacht hättest oder wenn du anders eingreifen würdest in unsere Geschichte.

Es ist in solchen Augenblicken schwer zu verstehen, daß es auch für dich keine Alternative gibt zwischen unserer Freiheit, die dann eben auch die Freiheit zum Unsinn und zum Wahnsinn ist, und der Knechtschaft, in der der Mensch zu nichts Eigenem fähig wäre: also auch zu keiner Liebe, zu keiner Hoffnung.

Ehe wir fähig sind, dir zu danken, müssen wir die Geduld mit uns selbst lernen. Gib uns diese Geduld – auch wenn es lange braucht, bis wir verstehen, wie sehr du die Geduld uns gegenüber schon immer aufgebracht hast.

Angst vor dem Leiden

Vater, du weißt, daß wir Menschen Angst vor dem Leiden haben. Daran hat sich durch die Leidensgeschichte Jesu, die für uns eine Erlösungsgeschichte war, nichts geändert. Den Himmel, von dem wir träumen, stellen wir uns vor als ein rosarotes Plüschsofa, auf dem wir liegen: unbehelligt von Ansprüchen, Erwartungen, Pflichten – aber umgeben und bedient von Liebe, Zärtlichkeit, Schmeichelei. Für alle Ewigkeit kein „Bitte", kein „Bitte, ich brauch' dich", kein „Aber du hättest doch" hören müssen. Das stellen wir uns – oft, viel zu oft – als Seligkeit vor.

Aber ob wir Menschen selig sein könnten ohne den anderen, der uns braucht, der uns mit seiner Liebe verändert? Ohne diese Veränderung, die weh tut, ohne die Spannung, was aus uns wird, wenn wir uns einlassen auf das Neue, das andere, das Unerprobte? Ob wir Menschen selig sein könnten in einer ewigen Ruhe, in der es nur noch das eigene, immer langweiliger werdende Ego gibt, das ist die Frage, vor die du uns durch Jesus, deinen Sohn und unseren Bruder, gestellt hast.

Jesus hat sein Leben nicht für sich selbst gelebt. Er hat nicht sich, sondern uns verwirklicht. Er hat geliebt, also hat er sich hingegeben.

Eingefangen

Wir Menschen wissen nicht einfach von selbst, was wir wirklich wollen. Unsere Freiheit agiert nicht in einem luftleeren, keimfreien Raum, in dem wir uns das aussuchen, was wir brauchen. Das, was wir wirklich brauchen, um selbst zu sein, begegnet uns unter Umständen ganz unvermutet. Wir waren eigentlich gar nicht darauf gefaßt; wir hatten es uns ursprünglich ganz anders vorgestellt. Aber dann sind wir plötzlich er-faßt; dann sind wir nicht mehr die Suchenden, sondern die Gefundenen. Dann kommen wir nicht mehr los – von Freunden, von der Sorge um einen anderen, von der Hoffnung, die irgendeiner ausgelöst hat, von der Liebe, die uns belebt, obwohl wir auf sie niemals gefaßt waren. *Dann* ist uns diese gütige Macht Gottes nahegekommen, die Jesus verkündet hat und ohne die wir nicht sind.

Vater, es sind seltsame Wege, auf denen du uns begegnest. Und es sind zunächst unscheinbare Menschen, in denen du greifbar wirst. Aber weil du es bist, weil es also wirklich Liebe und Hoffnung sind, die sich hier auftun, werden diese Wege, diese Menschen und diese Begegnungen so kostbar wie ein Schatz im Acker und wie die kostbarste Perle – und es hat einen Sinn, alles dafür herzugeben, und dies lächelnd zu tun wie einer,

der weiß, daß er – indem er so gebannt und einge-
fangen worden ist – seine eigentliche Freiheit und
somit sich selbst gefunden hat.

4.

Das Leben
mit anderen teilen

———————

Wer sein Leben verliert, wird es gewinnen

Gott, es ist nicht leicht für uns zu glauben, daß nur der, der sein Leben hinschenkt, das Leben gewinnt. Aber seitdem du dein Leben mit uns geteilt hast, haben wir einen Grund mehr, unser Leben nicht für uns zu behalten, sondern es mit den anderen zu teilen – um es einmal in Fülle zu haben. Wir trauen dir in Jesus Christus, unserem Herrn.

Der hungernde Jesus

Wir haben uns daran gewöhnt, von der „Mahlfeier" zu sprechen, wenn wir das Gedächtnis an das Abendmahl Jesu mit seinen Jüngern feiern. Das klingt, als ob Jesus mit seinen Jüngern getafelt habe; als hätten sie an weißgedeckten Tischen gesessen, als wären sie von Dienstpersonal umgeben gewesen und als wäre alles in Hülle und Fülle dagewesen.

Dabei vergißt sich's leicht, daß sie alle miteinander arme Schlucker waren. Vielleicht gab es etwas Brot, aber offensichtlich selten genug für alle. Vielleicht gab es etwas Landwein, mit Wasser gemischt – wie sonst. Aber meist war es nur ein Becher, es sei denn, es war Hochzeit oder es gab eine Einladung bei einem wohlhabenden Zöllner. Das Christentum begann offensichtlich mit einer guten Portion Hunger; und die ersten Christen wußten genau, was Hunger ist. Nur so läßt sich verstehen, warum die Moral der Christen darin ihren Anfang hat, daß man sich verpflichtet, miteinander zu teilen; das zu teilen, was irgendwer hat. Mit dem Christentum erhält der einzelne das *Recht* auf das, was der andere übrig hat. Ja, er erhält einen Anspruch auf das, was der andere hat.

Das klingt bedrohlich. Das klingt nach Revolution. Und im Grunde war es auch eine. Aber sie bestand darin, daß die Menschen erlebten, wie reich man werden kann, wenn man schenkt; wie arm man bleiben kann, wenn man behält, wenn man für sich allein behält, was man hat.

Vater, wir haben dich kennengelernt als einen, der das, was er hat und ist, nicht für sich behält, sondern der schenkt; der letztlich sich selbst verschenkt. Und du bist nicht ärmer geworden. Du hast uns reich gemacht, damit wir fähig werden, ein Stück von uns herzugeben, wie du dich für uns hergegeben hast.

Die Vollmacht Jesu

Gott, unser Vater, am Ende seines Lebens konnte Jesus seinen Jüngern sagen: Mir ist alle Macht gegeben im Himmel und auf Erden. Aber das sagte er, nachdem er selbst das Opfer der dümmsten menschlichen Gewalt und des lächerlichsten Machtanspruchs geworden ist; nachdem er der Ohnmächtigste und Niedrigste geworden ist – mit seinem Tod am Kreuz.

Wir Menschen haben im Verlauf unserer Geschichte beinahe perfekt gelernt, mit der Macht, die wir haben oder die wir uns zusammengestohlen haben, umzugehen, sie zu delegieren, sie bis aufs Messer zu verteidigen. Aber wir haben noch lange nicht verstanden, daß nur die Macht zählt, die glaubwürdig ist, der man also anmerkt, daß sie nicht sich selbst sucht, sondern die Hilfe, die der andere braucht. Wo Macht ohne Liebe, ohne Güte und Barmherzigkeit daherkommt, da wird sie zum Zerrbild ihrer selbst.

Darum feiern wir immer neu das Gedächtnis an Jesus, seinen Tod und seine Auferstehung, weil er gerade in seinem Tod-für-uns, in der Stunde seiner größten Ohnmacht, uns Menschen die ganze Macht seiner und deiner Liebe gezeigt hat.

Den Geist Jesu teilen

Vater, wenn wir glauben, daß es dein Geist war, den wir in Jesus empfangen haben, dann meinen wir nicht, daß wir vor allen anderen Menschen bevorzugt sind; daß wir zu einer Elite geworden wären, die besitzt, was andere nicht besitzen. Dann glauben wir vielmehr, daß wir tiefer in das Schicksal der Menschen hineingestoßen worden sind, so wie du dich in unser Schicksal begeben hast. Darum feiern wir *gemeinsam* Gottesdienst. Wir sitzen nicht vereinzelt in unseren Ecken, um zu versuchen, die anderen zu übertreffen mit mehr Wissen, mehr Esprit, mehr Moral, tieferer Gotteserfahrung, mehr Weisheit und Wahrheit, sondern wir versuchen, das miteinander zu teilen, was wir gemeinsam haben und was wir eigentlich nur haben, *wenn* wir es teilen.

So sind Brot und Wein, die wir miteinander teilen, Zeichen des Geistes, der nicht trennt, sondern vereint, damit wir in dieser Gemeinsamkeit wir selbst werden. Und sie sind Zeichen der Zukunft, die nicht der einzelne für sich haben und den anderen streitig machen kann, sondern die wir vielmehr gemeinsam versuchen und herbeiführen müssen.

Sorgen füreinander

Seit es Menschen gibt, taucht immer wieder der Traum vom „sorgenfreien Leben" auf: als könnten wir für morgen und übermorgen alles besorgt haben, was wir brauchen; als könnten wir heute wissen, was wir morgen brauchen; als könnten wir leben, indem wir nur noch genießen; als könnten wir von der Idee und dem Geld leben, die wir von gestern her haben; als könnten wir garantiert glücklich sein bei dem Gedanken, daß alle Sorgen unserer Freunde, alle Sorgen dieser Welt gerade um uns einen großen Bogen machen.

Vater, wenn wir Jesus richtig verstanden haben, hast du nicht darauf bestanden, selbst sorgenfrei zu sein: ganz allein für dich, ohne Angst um einen anderen. Wenn du etwas mit unserer Geschichte zu tun hast, dann ist es aus mit deinem sorgenfreien Leben. Aber wir hätten dich wohl falsch verstanden, wenn wir meinen, weil du dich um uns sorgst, gäbe es für uns gar nichts mehr zu sorgen, dürften wir die Hände in den Schoß legen, könnte uns alles gleichgültig sein – außer uns selbst.

Wir hoffen wider alle Hoffnung, *weil* du dich um uns gesorgt hast. Aber du hast deine Sorge um uns mit uns *teilen* wollen. Du hast uns nicht entmündigt, indem du zu uns gut warst. Weil wir Menschen ohne dich nicht sind, können wir auch nicht ohne den anderen Menschen sein. Weil wir dich brauchen, bekommt es einen Sinn, daß wir den anderen Menschen brauchen – und der andere uns – und daß wir füreinander Sorge tragen.

Über das Erbarmen

In der Bergpredigt werden die Barmherzigen selig genannt: sie werden selbst Barmherzigkeit erlangen. Die Jünger Jesu unterscheiden sich von anderen also nicht dadurch, daß sie besser sind, daß sie moralischere Menschen sind, daß sie gerechter und so die besseren Richter über die anderen sind. Sie unterscheiden sich vielmehr dadurch, daß sie auf das Erbarmen setzen. Sie wissen, daß sie selbst auf Barmherzigkeit angewiesen sind – und glauben, daß Gott ihnen barmherzig gegenübersteht. Die Gerechtigkeit Gottes *ist* seine Barmherzigkeit.

Zu welch anderer Gerechtigkeit sollten wir Menschen fähig sein als zur Barmherzigkeit mit- und untereinander, wenn Gott selbst keine andere Gerechtigkeit kennt?

So allein ist es zu verstehen, daß Jesus am Ende seines Lebens keine neue Welt und keine neue Gesellschaft geschaffen hatte; ihm reichte es, draußen vor den Toren der Stadt zu hängen als ein Zeichen des Erbarmens, das der Mensch braucht, um leben zu können.

Gedanken zur Vergebung

Wir bitten, daß die anderen uns vergeben, wenn wir schuld daran waren, daß es Streit gab;

wenn wir kein bißchen Geduld hatten, sondern gleich losgeschlagen haben;

wenn wir neidisch waren und aus bloßem Neid den anderen schlecht gemacht haben;

wenn wir eigentlich faul waren, aber dann so getan haben, als hätten wir keine Zeit gehabt, als hätten wir etwas ganz wichtiges anderes tun müssen;

wenn wir uns gedrückt haben vor irgendeiner Arbeit, irgendeiner Hilfe, obwohl wir wußten, daß sie jetzt kein anderer tun kann als wir.

Wir bitten und hoffen, daß uns vergeben wird, denn wir sind nicht stolz auf das, was wir falsch gemacht haben. Aber wir brauchen Zeit, es besser zu machen.

Wir hoffen, daß uns vergeben wird, ebenso sollen die anderen sicher sein, daß wir ihnen vergeben, wenn sie es brauchen.

Vergebungsbereitschaft

Gott, unser Vater, wenn es um unsere Verge-
bungsbereitschaft geht, zu der wir im Namen Jesu
verpflichtet sind, zeigt sich unsere ganze Schwäche. Einmal haben wir ein großmütiges Herz, vergeben sogar die größte Schuld, dann aber sind wir
kleinlich, wir rechnen auf und nach, was der andere alles falsch gemacht hat, und lassen unser
Verzeihen tröpfchenweise auf den anderen herab
– wie eine Gnade, die wir gewähren. Wir möchten, und wir wissen, daß wir verzeihen sollten,
aber wir können einfach nicht. Unser Herz ist zu
klein.

Vater, erinnere uns immer wieder daran, daß
wir Tag für Tag auf deine Barmherzigkeit angewiesen sind, auch und gerade dann, wenn wir
meinen, wir seien gar nicht so schlecht, wir seien
nicht die größten Sünder.

Reden und Schweigen

Vater, wenn wir Jesus richtig verstanden haben, dann haben wir nicht zu richten, wir haben nicht zu urteilen. Wenn wir unseren Mund auftun, wird aus unserer Meinung, aus unserer Mutmaßung allzuschnell ein Gesetz, an dem wir andere messen, an dem wir andere zugrunde gehen lassen. Wir müssen reden, vor allem miteinander reden, weil wir sonst aufhören, Menschen zu sein. Aber die Unmenschlichkeit hat dieselbe Voraussetzung: unser Gerede, unser Geschwätz, unsere eitlen Fachsimpeleien, unser Reden über andere und gegen andere; überhaupt all unser Reden, bei dem der andere nicht zu Wort kommt.

Wenn wir Jesus richtig verstanden haben, dann meinte er, daß du, der Vater von ihm und uns, das letzte Wort über uns hast. Aber das ist schwer zu glauben, weil du selbst immer schweigst – uns aber immer weiterreden läßt.

Gewiß, wenn wir reden, wollen wir uns verständlich machen, oder wir versuchen, etwas in Worte zu fassen und somit zu verstehen. Es ist aber die Frage, ob es nur dann Verständnis gibt, wenn Worte fallen, wenn Worte gemacht werden.

Wir erinnern uns, wie Jesus vor Pilatus gestellt wurde. Und der Statthalter fragte ihn: „Du bist der König der Juden?" Da sprach Jesus: „Du sagst

es." Auf die Anklage der Hohenpriester und Ältesten antwortete er nichts. Da sprach Pilatus zu
ihm: „Hörst du denn nicht, was sie alles gegen
dich vorbringen?" Doch er antwortete ihm kein
einziges Wort mehr, so daß sich der Statthalter
sehr verwunderte.

Vater, laß uns bei all unserem notwendigen Reden, bei allen sinnvollen Gesprächen, die wir miteinander führen, auch erkennen, wann wir mit
unseren Worten am Ende sind. Laß uns nicht nur
die verstehen, die sich in Worten erklären können. Laß unser Verständnis wachsen für die, die
schweigen oder denen die Worte einfach fehlen.

So bitten wir dich im Namen Jesu, der an dich
geglaubt hat, obwohl du von damals bis heute ein
schweigender Gott geblieben bist.

Aufrichtigkeit

Wir sind perfekt, wenn es darum geht, uns und anderen etwas vorzumachen. Wir glauben so fest an die Bilder, die wir uns von uns selbst machen. Und wir merken immer zu spät, wie schlecht sie sind und wie sie uns selbst entstellen.

Dabei wäre es so einfach, es so zu machen, wie du es uns vorgemacht hast: dem anderen zu vertrauen, dem anderen zuzutrauen, daß er die Wahrheit über uns, auch die scheinbar unschöne Wahrheit, unsere Schwachheit und Hilflosigkeit leichter erträgt als die Lüge, die wir ihm von uns erzählen. Wir sind ja ohnehin meist die einzigen, die an die Lüge glauben, die wir ständig neu über uns verbreiten.

Vater, gib uns den Mut zur Wahrheit über uns selbst, und gib uns den Mut, dem anderen zuzutrauen, daß er diese unsere Wahrheit mit uns teilt und erträgt.

Wir sind dein Volk

Vater, nicht wir haben uns erwählt; nicht weil wir uns stark gemacht haben, sind wir zu deinem Volk geworden. Sondern du hast uns erwählt, du hast unsere Schwäche stark gemacht, wir sind dein Volk, weil du uns an dich genommen hast. Und darum sagt Jesus, daß er uns nicht Knechte nennt, sondern Freunde; denn er hat alles mit uns geteilt, was er von dir hatte.

Aber immer gibt es die, die sich zwischen dich und uns schieben wollen. Sie nennen sich Mittler, Helfer, Hirten, Vikare, Direktoren – und wollen uns von neuem hilfsbedürftig und klein halten. Wir wissen, daß wir keine Macht und Kraft haben, es sei denn, sie kommen von dir. Wir wissen, daß wir deinen Geist brauchen, der uns wachhält. Wir wissen, daß wir einander brauchen, denn allein sind wir arm. Aber wir brauchen keine Gouvernanten in Brokatgewändern, wenn wir Jesus, den einen und einzigen Hirten, haben. Wir brauchen den Glauben, aber keine Glaubenswächter. Wir brauchen den Glauben, der ständig neu auf dich und dein Wort hinhorcht, aber wir brauchen keinen Glaubensgehorsam.

So bitten wir, Vater, erhalte in uns den Mut, dein Volk zu bleiben und allein dir unterworfen zu sein.

Der notwendige Mut

Das Christentum kann für sich nicht in Anspruch nehmen, daß es für alle ethischen Probleme schon immer eine Lösung zur Hand hätte, oder gar, daß es selbst alle Probleme richtig gesehen und gelöst hätte. Vielleicht sind die Christen in dieser Hinsicht doch einmal menschlicher als andere Menschen, weil an ihrem Anfang nicht ein steinernes Gesetz steht, sondern der Optimismus, daß die Menschen ihre eigenen Gesetze entlarven könnten als eine Tarnung, mit der sie die eigentlichen Werte – wie Menschlichkeit, Rücksicht, Liebe, Gerechtigkeit, Verantwortung – verdecken. Gewiß hat Jesus uns vorgelebt, wie man zugleich so optimistisch *und* realistisch, vor allem aber gerecht *und* gut sein kann.

Aber mit diesen Beispielen Jesu sind noch längst nicht alle unsere Probleme abgedeckt. Wir müssen unsere eigene Phantasie und unseren eigenen Mut zu einer hier und jetzt richtigen Entscheidung aufbringen. Wir müssen vor allem selbst und immer von neuem beharrlich unsere eigenen Gesetze zerbrechen, wenn sie beginnen, das, was sie eigentlich schützen sollen, zu bedrohen.

Evangelium und Politik

Gott, Vater Jesu Christi, laß dir einmal dafür danken, daß das Leben Jesu politisch absolut nicht erfolgreich war; ja daß seine ganze Sendung in einer solch bejammernswerten Katastrophe endete. Dein Name ist eben nicht „Erfolg". Und dein Evangelium ist nicht eines der tausend politischen Programme, mit denen die Menschheit zu falschen Hoffnungen verführt worden ist und immer von neuem verführt wird.

Aber wir sehen, daß das Programm Jesu gerade darum, weil es so unpolitisch daherkommt, eine Brisanz hat, die unsere Menschheit immer wieder in Bewegung bringt: Denn es verheißt uns nicht mehr und nicht weniger als eine Herrschaft von Friede, Güte, Barmherzigkeit, die anfanghaft mitten unter uns ist; die *hier* – und nicht nur in einer fernen Welt möglich ist. Es verheißt uns Hoffnung auf einen Sinn des Menschen und seiner Geschichte, der hier und jetzt dasein kann, wenn wir wollen und den Geist nicht auslöschen. Gäbe es das Evangelium Jesu nicht, dann hätten viele Menschen schon oft Grund genug gehabt, vollends zu resignieren gegenüber den Mächten, Moden und Politiken, die zufällig herrschen. Aber so haben sie den Mut, darauf zu bestehen, daß die Welt hier und jetzt ein Stück menschlicher, ein Stück gerechter, ein Stück liebenswürdiger wird.

Es ist nicht ungefährlich, aber es ist eben auch nicht ohne konkreten und tröstlichen Sinn, wenn wir uns immer wieder an Jesus erinnern und an die Welt, die er uns als mögliche skizziert hat durch das, was er tat.

Wir und die Schöpfung

Laß dich preisen, o Gott, daß du uns nicht zu Herren deiner Schöpfung gemacht hast. Laß dir danken, weil Sonne, Wind, Regen, Schnee, Sturm und Hagel dir und nicht uns gehorchen. Laß dich preisen für einen Baum, den keiner gepflanzt hat; für ein Abendrot, das wir niemals hätten erfinden können; für einen Herbstnebel, für eine Bergwiese, die zu machen unsere Phantasie niemals ausgereicht hätte.

Wir haben uns schon oft die „Krone der Schöpfung" genannt – und nicht gemerkt, wie dann die ganze Schöpfung über uns gelacht hat. Wir sind nicht mehr als schlitzohrige, erfolglose Regenmacher, Windsäer, die den Sturm ernten, Bäcker der kleinen Brötchen, von denen keiner leben kann.

Wir sind auch nach Tausenden von Jahren angewiesen darauf, daß du für uns sorgst – und daß du uns vergibst, wenn wir versucht haben, deine Sorge durch unser Besserwissen zu ersetzen. Laß deine Sonne weiter über uns scheinen. Gib du uns, was wir zum Leben brauchen. Hilf uns, am Leben zu bleiben.

5.

Das Jahr hindurch den Glauben feiern

Advent

Gott, unser Vater, du weißt genau, daß unsere Hoffnung ebenso endlich und begrenzt ist wie all das, was wir sind und tun. Unter Umständen können wir ganz gut warten, bringen eine ganze Menge Geduld auf – mit uns, mit anderen, mit der Zeit, die alles braucht, unter Umständen sieht es mit unserer Hoffnung ganz gut aus, ist sie so stark, daß sie für eine Weile das Gesicht der Kirche, ein wenig sogar das Gesicht einer ganzen Welt verändert. Aber irgendwann können wir dann nicht mehr. Wir haben nicht mehr die Kraft zu hoffen. Das Warten, das vergeblich geworden ist, zerfrißt unser letztes Stück Leben. Die Resignation, in die wir am Ende aller Hoffnung immer wieder hineinfallen, ist nicht lediglich eine unserer vielen Untugenden – sie ist ein Stück unseres Wesens; *des* Wesens, das vieles braucht, um zu sein, aber eben nicht *hat*, was es braucht.

Mit dir geht es uns genauso. Wir brauchen dich unbedingt. Wir fragen und suchen nach dir seit unzähligen Generationen. Wir schreien, du möchtest deinen Himmel endlich, endlich aufreißen und uns erlösen vom Warten, das wir nicht aushalten. Aber wenn du dann da bist, wenn du einmal auftauchst, wenn dein Hauch einmal zu spüren ist, dann können wir dich nicht halten. Du kommst und gehst. Du gehst, und wir hoffen von neuem. Du läßt uns warten, du rührst uns an – und du entziehst dich uns wieder. Dein Geheimnis ist furchtbar. Furchtbar, wenn wir ihm nah sind – und furchtbar, wenn es ganz fern ist.

Vater, wenn der Advent, den wir Jahr für Jahr feiern, bedeutet, daß wir Menschen zwar hoffen, daß sich unser Warten lohnt, daß wir zugleich aber zittern, ob wir unser eigenes Warten aushalten – dann ist der Advent eine furcht-bar menschliche, eine furcht-bar glückliche Zeit; eine Zeit, in der unsere größte Schwäche zum entscheidenden Stück unserer Hoffnung wird.

Die Ankunft Jesu

Vater unseres Herrn Jesus Christus, je dichter die Ankunft Jesu uns bevorsteht, um so weniger sind wir auf sie vorbereitet. Wir sind beschäftigt mit unserem Selbstbewußtsein, mit unserer Selbstfindung, unserer Emanzipation – bis wir vor lauter Fixierung auf unser Selbst verschlossen sind für jeden anderen. Der andere – das wäre unsere Rettung. Der andere – er könnte uns heraushelfen aus dem immer langweiliger werdenden Rotieren um unser Selbst.

Vater, wenn wir in diesen Tagen noch immer meinen, daß wir reich seien, dann mach uns arm. Wenn wir meinen, daß wir Macht hätten, dann mach uns ohnmächtig. Wenn wir meinen, daß wir recht hätten, dann zeig uns deine Gerechtigkeit, damit wir endlich lernen, was Recht ist.

So bitten wir dich im Namen dessen, der nicht sich und sein Selbst suchte, sondern sich dir, dem anderen, unterwarf bis in den sinnlosen Tod, den wir Menschen im Namen unserer Gerechtigkeit über ihn verhängt haben.

Warten auf das Reich Gottes

Vater, wir gehören zu denen, die nicht aufhören können zu warten. Wenn wir uns fragen, worauf wir warten, fangen wir an zu stammeln – wie schon Generationen vor uns. Wir warten, daß Jesus wiederkommt.

Wir versuchen, so gut es geht, zurechtzukommen; wir versuchen, uns an das zu halten, was er uns gesagt und vorgemacht hat, aber wir schaffen es einfach nicht. Wir schaffen weder die Gerechtigkeit noch die Barmherzigkeit, noch die Brüderlichkeit – und am wenigsten die Liebe zueinander. Wir warten einfach auf die Zeit, da unsere Welt anders aussieht – und meinen, er könne uns noch einmal helfen, so wie er das schon früher getan hat. Warum sollten wir eigentlich nicht so denken, hoffen?

Laß uns diese einfache Hoffnung, wie sie nur unter Menschen möglich ist: daß du irgendwann wieder bei uns bist; daß wir dann nicht mehr allein sein werden; daß dein Reich kommt; und daß dies für alle ein Fest sein wird.

Weihnachten

Vater, es ist mehr als ein kulturgeschichtlicher Zufall, wenn die Christen an einem Fest wie dem heutigen an die Erde appellieren, daß sie mitsingen soll; wenn sie Lichter anzünden; wenn sie Bäume von draußen in ihre Zimmer hineinnehmen und schmücken, als gingen sie zur Hochzeit; wenn sie Geschäfte leerkaufen, um andere Menschen zu beschenken; wenn sie zusammensitzen zum Essen und Trinken ohne die Verpflichtung, die andere Festanlässe so an sich haben.

Die Christen glauben, daß es heute für die ganze Erde, für alles und alle, die diese Erde ausmachen, einen Grund gibt zu feiern, weil diese Erde nicht das finstere Loch ist, in dem man vergeblich herumtappt und nach einem Lichtstrahl sucht, sondern weil es in dieser Welt schon ein wirkliches Stück Sinn, Liebe, Güte, Verstehen, weil es in dieser Welt schon wirklich „Gott" gibt.

Die Christen feiern heute, weil sie – wenn auch mit dem ganzen Vorbehalt und der Bruchstückhaftigkeit menschlicher Erfahrung, so doch wirklich – erfahren haben, daß die Nähe Gottes dort gegeben ist, wo die Liebe ist, wo die vielfältigen Gesichter der Liebe auftauchen: wo also Verständnis für den anderen ist, der sich unverstanden glaubt und vielleicht wirklich auch schwer zu verstehen ist; wo man eine Chance sieht und gibt, obwohl nach unserer Berechnung viel zu viele Chancen vertan worden sind; wo die Güte ist statt der rechnenden Gerechtigkeit; wo Gerechtigkeit ist statt der Herrschaft der faktischen Verhältnisse; wo Hoffnung gemacht wird, auch wenn mehr gegen sie als für sie zu sprechen scheint.

Menschsein aus Gott

Der verborgene Gott hat uns sein Gesicht gezeigt. Es war das Gesicht eines Menschensohnes – eines Kindes, das ängstlich in seiner Ecke zittert, weil es Angst hat in dieser Welt.

Der schweigende Gott hat uns ein Wort gesagt: Fürchtet euch nicht! Hört ihr: ich bin da! *Ich* werde euch tragen, wenn der Schoß eurer Mutter euch nicht mehr trägt. Ich werde euch schleppen, wenn ihr nicht mehr könnt. Ich werde euch retten, wenn ihr in eurer Angst meint, ihr seid schon umgekommen. Ich werde euch das Leben einhauchen, wenn ihr meint, den letzten Atemzug getan zu haben. Ihr werdet mein Leben leben, so wie ich euer Leben mit euch gelebt habe.

Vater, wir feiern heute nicht nur die Geburt Jesu, deines Sohnes, sondern auch den Beginn unserer eigenen Menschwerdung. Die ganze Fülle der Menschlichkeit erreichen wir nicht allein; wir brauchen einen, der uns trägt, der unsere Fehler korrigiert, der unsere Resignation mit seinem Mut wettmacht. Wir brauchen dich.

Herr, bleibe bei uns – am Morgen und am Abend unseres Lebens, so wie du bei Jesus, deinem Sohn, geblieben bist.

Gottes menschliche Herrlichkeit

Gott, wir haben deine Herrlichkeit gesehen. Sie hat das Gesicht eines kleinen Menschenkindes; sie wird sichtbar im Lächeln einer Frau, die gerade ein Kind geboren hat. Deine Herrlichkeit klingt wie ein Hirtenlied.

Gott, wir haben deine Herrlichkeit gesehen. Sie hat sich zart angefühlt, sie war ganz behutsam zu uns, sie war nicht streng, sie war so wenig gewaltig, daß man sie beinahe übersehen konnte. Sie war unten, ganz klein – im Vergleich zu ihr kommen wir uns mächtig vor, wir Armseligen.

Vater, du hast uns nicht einen erwachsenen, fix und fertig ausgereiften Propheten gesandt, um uns zu sagen, daß zwischen dir und dem Menschen Frieden herrscht, sondern einen Menschen, der sein Leben als Kind begann. Und im Grunde ist Jesus als Kind mindestens so gut zu begreifen wie als Mann. Und er selbst meint, er könne letztlich nur von Menschen begriffen werden, die Kind geblieben sind.

Gott, unser Vater, dein Stolz bestand darin, uns in unserem kindlichen Stolz nicht so zu demütigen, daß wir nichts mehr sind. Du hast uns erlösen wollen durch deine Schwäche für uns. Wir sind am Leben geblieben. Wir haben das Leben neu gefunden.

Wir jubeln – und du bestehst nicht einmal darauf, daß wir genau wissen warum. So sehr hast du das, was du bist und hast, hergegeben, damit wir nicht verlorengehen.

Die Geschichte von Weihnachten

Vater, laß uns dir heute danken für die Geschichte, in die wir hineingestellt sind. Nicht wir sind es, die am Anfang dieser Geschichte standen. Es hing nicht von unserer zufälligen Dummheit oder Weisheit ab, ob sich diese Geschichte als tödliche Sinnlosigkeit oder als Weg auf eine hoffnungsvolle Zukunft hin darstellt.

Vor uns waren Menschen, die deine Spur erkannt haben. Vor uns waren Menschen, die glaubend und hoffend darauf bestanden, daß du ihnen nahe bist. Sie haben dich gesehen im Antlitz des Menschen, der Jesus heißt. An einem Tag wie heute holt uns diese Erfahrung der Menschen vor uns ein. Es ist eine gute, tröstliche, menschliche und zugleich ganz geheimnisvolle Geschichte, die uns diese Menschen immer neu erzählen.

Im letzten ist es die Geschichte, die du gemeinsam mit uns riskiert hast. Weil du dich aber endgültig in dieser Geschichte mit uns engagiert hast und wir immer wieder die Zögernden, die Skeptischen sind, liegt das Risiko allein bei dir. Du glaubst also an uns, ehe wir mit unserem Glauben an dich ganz zu Rande gekommen sind. Herr, hilf heute unserem Glauben, und laß die Geburt Jesu zum Beginn unserer eigenen Menschwerdung werden.

Rette den Frieden

Vater aller Menschen, du hast gewollt, daß wir in Jesus erkennen, wie sehr du die ganze Welt liebst, und daß in diesem deinem friedlichen Willen zu uns die entscheidende Möglichkeit für uns gegeben ist, Frieden untereinander zu haben und zu halten.

In dem Jahr, das jetzt zu Ende geht, ist uns in unserer Welt wenig Friede gelungen. Wir Christen haben uns mal wieder zu wenig gekümmert um die Frage, wie es nun in Chile, in Kambodscha, in Angola, in Spanien, in Griechenland genau aussieht: Wem dort Unrecht geschieht, wer dort und was genau will, wer aus welchen Gründen wessen Feind ist.

Mag sein, daß wir bei solchen Problemen immer überfragt bleiben. Daß wir also am Ende eines solchen Jahres vor allem gelernt haben, wie ohnmächtig wir sind. Aber gerade diese Ohnmacht zwingt uns dazu, den Frieden zu suchen und, wenn wir nur ein Stück von ihm haben, ihn festzuhalten. Für Unfriede sind wir einfach zu schwach: er manipuliert uns, er beherrscht uns, wir sind seine Sklaven, ehe wir uns versehen. Vater, rette uns in den Frieden.

Wir bitten dich so in der Erinnerung an Jesus, der für den Frieden unter den Menschen alles eingesetzt hat – nicht zuletzt sich selbst.

Anfang und Ende

Laßt uns beten: Gott, du hast im vergangenen Jahr hinter uns gestanden. Du hast uns gestützt, wenn wir nicht mehr weiterkonnten; du hast uns angestoßen, wenn wir einschlafen wollten in stumpfer Unempfindlichkeit gegenüber unserer Umgebung. Du hast uns vergeben, wenn wir wieder einmal unseren Nächsten tyrannisiert haben mit unserer Laune und unserem Egoismus. Verlaß uns auch im neuen Jahr nicht. Gib uns gute Freunde, die Liebe nicht durch Schmeichelei ersetzen und, wenn wir es brauchen, ein offenes Wort für ein gutes Wort halten.

Vater, du bist das Alpha und das Omega. Du stehst an unserem Anfang als der, der uns gewollt, der uns in die Freiheit gesetzt und in uns die unausrottbare Sehnsucht nach dir hineingesenkt hat. Und so bist du zugleich auch das Ende, auf das wir zugehen: in Vertrauen und Hoffnung, oft aber auch in Ungewißheit und mit der Angst, dich am Ende doch verfehlen zu können. Wir glauben, daß du uns unsere Angst eigentlich hast nehmen wollen; denn du bist nicht fern von uns, du hast dein Zelt unter uns aufgeschlagen; du gehst mit uns, so dunkel und tödlich unsere Geschichte auch scheint. Wir können dich nur immer wieder bitten: Laß uns deine Nähe spüren.

Jahresbeginn

Vater, es ist richtig, dir auch am Anfang eines neuen Jahres zu danken dafür, daß du uns die Zeit geschenkt hast. Was hinter uns liegt, was wir im letzten Jahr versucht haben, was uns in der Vergangenheit mißlungen ist, ist nicht das letzte Wort. Wir haben Zeit, es noch einmal anders und, wenn es geht, besser zu machen.

Die Zeit, die wir haben, das ist die Geduld, die du mit uns hast. Die Zeit, die du uns gibst, das sollte die Geduld sein, die wir für uns und vor allem für andere brauchen und die andere für uns aufbringen müssen.

Wir bitten dich, und wir bitten jeden Menschen um diese Geduld. Ohne sie sind wir unerträglich.

Laß uns Jesus nachfolgen, der uns vorgelebt hat, wie das menschliche Leben erträglich wird, indem er uns, unseren Egoismus, unsere Hoffnungslosigkeit, unsere Ungläubigkeit ertragen hat.

Dein Wille geschehe

Gott, es war dein Wille, daß Jesus leiden und sterben mußte – so glaubte Jesus selbst, und so glauben auch wir. Aber dein Wille bleibt für uns rätselhaft. Du bist ja nicht ein Gott, der auf Blutzoll besteht, wenn er sich mißachtet oder beleidigt fühlt. Du bist, so hat uns Jesus erklärt, ein Gott der Barmherzigkeit. Und Jesus selbst war nicht ein Mensch, der von Jugend an träumt, gefoltert zu werden und sein Blut herzugeben für irgendeine Idee von Erlösung oder Versöhnung zwischen zwei Welten, die durch Unendlichkeiten voneinander getrennt sind. Er wollte leben – und er liebte das Leben.

Die Passion Jesu ist für uns das Geheimnis, in dem dein Ja zum Schicksal des Menschen eine äußerste Konsequenz annimmt. Du verzichtest darauf, uns zu ändern. Aber weil du von uns nicht loslassen willst, teilst du unser Schicksal; leidest du das Leid, das wir leiden, und stirbst den Tod, den wir sterben müssen und den wir fürchten, weil er die Bestätigung jener Sinnlosigkeit zu sein scheint, die wir von Geburt an sind.

Seitdem leben wir in und von der Hoffnung, daß das Leben, das wir lieben und leiden, und der Tod, den wir sterben, ihren endgültigen Sinn in dir finden, ihren endgültigen Sinn also dann enthüllen, wenn du uns am Ende aufnimmst.

Getsemani

Vater, du hast nun einmal dem Menschen Geschmack am Leben gegeben. Wir lieben das Leben und können nicht einsehen, daß wir nur ein begrenztes Stück von ihm haben sollten. Und also fürchten wir den Tod. Der Tod hat für uns niemals einen Sinn. Er macht unseren Freundschaften, unserer Neugier, unserer Sehnsucht und dem kleinen-großen Glück ein Ende, die das ausmachen, was wir unser Leben nennen.

Es bleibt unser Trost, daß auch Jesus, dein Sohn und unser Bruder, dem Tod nicht heldenhaft-triumphierend entgegenging. Er hat sich zu Boden geworfen; er hat sich an seine schlafenden Freunde geklammert, die ihm nicht helfen konnten, er war traurig bis in den Tod, weil der Tod des Menschen überhaupt nur Trauer in seiner Nähe zuläßt. Er hat nicht gesagt: ich will den Tod für die vielen auf mich nehmen; er hat gesagt: mir wäre lieb, der Kelch würde an mir vorübergehen; und wenn dein Wille anders ist, dann bin ich ihm ausgeliefert; dann geschehe dein Wille, der niemals meiner ist und sein kann.

Vater, angesichts des sinnlosen Todes des Menschen gibt es nur eine Möglichkeit: daß du das letzte Wort hast und nicht der Tod. Und daß dein Wort uns das Leben zurückgibt.

Kreuzweg

Vater, du selbst hast Jesus allein gelassen auf seinem Leidensweg. Er hätte dich brauchen können, er hat nach dir geschrien, aber er hat genau das erleben müssen, was das Geschick des Menschen ausmacht: Wenn er dich ganz nah braucht, wenn du als Sehnsucht und Hoffnung ganz nahe bist, bist du zugleich sehr weit weg. Was du uns läßt, sind die Spuren von dir: die verlegene Hilfsbereitschaft, ein Wort, eine Hand, die linkisch zu helfen versucht; ein Lächeln, das unter Umständen mehr aussagt als tausend Worte.

Seit Jesus wissen wir, daß die Wege zu dir im letzten immer Kreuzwege sind; gekennzeichnet durch das Spalier der Besserwissenden, durch die weitgehende Abwesenheit der Freunde und durch das Ziel, das immer „draußen vor der Stadt" liegt.

Die Feier des Todes Jesu

Über Jahrhunderte haben die Christen ihre Eucharistiefeier begonnen mit der Formel, es sei „wahrhaft würdig und recht, geziemend und heilsam, dir, Gott, immer und überall dankzusagen". Diese Formel hat großzügig, tapfer oder fahrlässig verdeckt, daß die Christen, wenn sie so zusammenkommen, das Gedächtnis eines Todes, das Gedächtnis ihres sinnlos getöteten Herrn begehen. Die Zusammenkunft der Christen ist also ursprünglich nicht gedacht als ein Akt kultischkollektiver Euphorie; als religiös-exaltierte Verdrängung all dessen, was es an Leid, an Sorge, an Last und an tödlicher Sinnlosigkeit in einem normalen menschlichen Alltag gibt.

Wenn die Christen den Tod ihres Herrn feiern und damit und darin die Erinnerung an die Ratlosigkeit des Menschen angesichts des sinnlosen Leidens in dieser Welt, und wenn sie dies mit dem Versuch der Hoffnung und nicht mit dem Ausdruck der Verzweiflung tun, dann nur darum – jede andere Erklärung wäre wiederum pure religiöse Ausflucht –, weil sie irgendwann *im* Leid, *in* der Hoffnungslosigkeit, in der tödlichen Aussichtslosigkeit Hoffnung und Aussicht erlebt haben.

Wie, wann, wieso, warum, das läßt sich nicht exakt erklären; aber man kann die Tatsache, diese unvermutete, immer wieder überraschende Tatsache festhalten; man kann sie so festhalten, daß dabei wiederum ein Stück Hoffnung entsteht. Und die Hoffnung, die man *so* erlebt, steckt an; sie macht das, was objektiv eine unerträgliche Last ist, erträglich, was objektiv tödlich ist, zu einer Möglichkeit zu leben.

Darum hat es einen Sinn, wenn wir immer wieder den Tod Jesu in Erinnerung rufen und – feiern.

Eucharistiefeier

Wenn Christen zur Eucharistiefeier zusammenkommen, schwingen viele Motive, Gefühle und
Verständnisse mit. Was auch der einzelne immer
meint, will, glaubt – nicht zuletzt handelt es sich
um eine Zusammenkunft, die eine lange Tradi-
tion hat und die unter anderem das Ziel verfolgt,
ein entscheidendes Stück der christlichen Über-
lieferung über Jesus und seine Jünger von neuem
in Erinnerung zu rufen.

Die formale und verbale Erinnerung allein aber
genügt offensichtlich nicht: dadurch allein gewinnt, woran wir uns erinnern, nicht Realität
und Relevanz. Wir müssen vielmehr versuchen,
ein Stück jener vitalen Erfahrungen zu machen,
die die Jünger gemacht haben, wenn sie – zum Reden, zum Essen, zum Diskutieren, zum Beten –
mit Jesus zusammen waren. Es geht also nicht,
daß wir nur Worte wiederholen, sondern daß wir
reden – über das, was wir sind, was wir können
und nicht können, was wir hoffen und woran wir
selbst verzweifeln. Es geht also nicht, daß wir nur
Gebete wiederholen, sondern daß wir selbst unsere Schwäche und Aussichtslosigkeit erfahren,
bis wir „Abba" sagen können, so wie Jesus das getan hat.

Dann, und nur dann geschieht von neuem ein
Stück Befreiung, ein Stück Trost, ein Stück Ver-

trauen auf den anderen Menschen und auf das Geheimnis, das hinter diesem Menschen steht.

Dann, und nur dann wird das Brot, das Jesus damals seinen Jüngern gab und das wir miteinander teilen, ein Stück von dem, wovon und wofür wir leben.

Und dann wird auch der Kelch mit Wein, aus dem wir miteinander trinken, ein Stück von dem, wovon und wofür wir leben.

Auferstehung – das Leben spüren

Was Auferstehung ist und vor allem: *wie* man
aufersteht, das läßt sich nicht aus einem Katechis-
mus lernen. Die Auferstehung läßt sich überhaupt nicht auf einen Satz bringen, schon gar
nicht auf einen ängstlichen und vor lauter dog-
matischer Feierlichkeit leb-losen Satz.

Der Glaube an die Auferstehung Jesu begann
offensichtlich damit, daß Menschen ihn suchten
– obwohl er tot war; daß Menschen um ihn wein-
ten – wie man um das Kostbarste und Lebendigste
weint; daß Menschen Sehnsucht nach ihm hatten
– aber eben jene leibhaftige Sehnsucht, bei der es
um Fleisch und Blut und nicht um geschlechts-
lose und geschichtslose Ideen geht.

Vater, du bist der Gott der Lebendigen und
nicht der Toten. Du hast uns ein erstes Stück Leben gegeben, und du willst, daß wir das Leben
ganz haben. Darum ist Jesus, unser Bruder und
der Erste aller Menschen, nicht in den Tod hin-
einversunken, sondern im Tod von neuem leben-
dig geworden.

Laß uns dieses Leben *spüren*, wenn wir in der
Erinnerung an den Tod und die Auferstehung
Jesu beisammen sind, wenn wir gemeinsam das
Brot essen und aus dem Kelch trinken.

Emmaus

Emmaus liegt immer hinter der nächsten Straßenecke. Emmaus ist der Fluchtpunkt für alle, die einmal Hoffnung hatten und sie dann verloren haben. „Sie waren mit Blindheit geschlagen", heißt es im Lukasevangelium von den beiden, die ihrer verlorenen Hoffnung davongelaufen waren. Wer sieht noch irgend etwas, wenn er hoffnungslos ist? Aber ebenso gilt: wer findet Hoffnung, wenn er blind ist?

Es läge an unseren Augen, an unseren Ohren, an all unseren Sinnen, ob wir das Reich Gottes in unserer Nähe wahrnehmen, heißt es im Evangelium. Aber letztlich sehen, hören, fühlen wir nur, was wir lieben – oder, was uns so begegnet, daß es auf unsere Liebe trifft. Worte, Theorien treffen oft haarscharf an uns vorbei. Aber einer, der uns zuhört, der ein Stück Wegs mit uns geht, der mit uns redet von dem, was er selbst geworden ist, der trifft uns vielleicht. Weil er es neben uns aushält, schließt er uns die Augen und das Herz auf.

Vater, wir treffen dich immer wieder, weil wir nicht davon loskommen, daß Jesus, die leibhaftige Zusage deiner Liebe zu uns, dieses Stück Leben mit uns geteilt hat, dieses Stück Weg mit uns gegangen ist. Wir sind blind, wenn wir meinen, wir seien allein unterwegs. Er ist noch immer mitten unter uns.

Jesus erkennen

Vater, es gab Menschen, die sind mitten an einem trüben, hoffnungslosen Tag glücklich geworden, weil sie plötzlich neben sich Jesus erkannt hatten. Neben uns stehen viele Menschen: heute die, morgen andere. Manche kennen wir, viele kennen wir nicht, obwohl sie lange neben uns leben. Wir sehen sie und sehen sie doch nicht. Viele kennen uns, aber nur wenige kennen uns, wie wir uns kennen. Vielleicht aber kennt uns irgendeiner auch besser als wir selbst. Das Ganze scheint wenig Sinn zu haben. Es gibt oft Grund genug, die Hoffnung aufzugeben und einfach wegzulaufen.

Wenn wir dennoch bleiben und zusammenbleiben, dann laß es nicht aus alter Gewohnheit geschehen, sondern wegen der Hoffnung, die wider alle Hoffnung hofft. Dann laß es sein, weil und damit uns hin und wieder die Augen aufgehen.

Christi Himmelfahrt

Wir wissen, daß die „Himmelfahrt Jesu" keinesfalls den historischen Stellenwert hat, den andere Berichte des Neuen Testaments über das Leben, Wirken und Reden Jesu haben. Die frühen christlichen Theologen oder theologischen Schriften wie Klemens von Rom, die Didache, Ignatius, Polykarp oder der Hirt des Hermas kennen jenes Phänomen, das wir in der nächsten Woche feiern, überhaupt nicht. Was im Lukasevangelium und in der Apostelgeschichte nicht mehr als ein Aspekt der Auferstehung Jesu war, also bildhaft die Tatsache umschreiben sollte, daß Jesus nun sein Ende erreicht hat und bei dem ist, an den er in seinem Leben geglaubt hat, nämlich beim Vater, wird in einer späteren Zeit zu einem eigenständigen Datum der Lebensgeschichte Jesu objektiviert. Bestimmte christliche Gruppen meinten sogar, daß Jesus erst nach achtzehn Monaten oder gar erst nach zwölf Jahren in den Himmel aufgefahren sei.

Man muß jedenfalls sehen, daß sich von da ab kontinuierlich der Glaube der Christen entwickelte, daß auch sie – wie Jesus damals – einmal „in den Himmel kommen". Diese Glaubensformel hat auch heute noch unter vielen Christen einen hohen Stellenwert. Die Frage ist: Was bedeutet sie? Was kann sie bedeuten?

Sicher scheint zunächst einmal zu sein, daß
Jesus selbst an einen *ewigen Wert* des menschlichen Lebens geglaubt hat; daß – mit anderen
Worten – das menschliche Leben unendlich gül-
tig und somit in der Unendlichkeit Gottes aufgehoben ist. Darum aber kann er den Tod des
Menschen nicht als eine Selbstverständlichkeit
akzeptieren; er stirbt den menschlichen Tod nur
unter Protest oder – anders ausgedrückt – er hofft
gegen die Hoffnungslosigkeit, die der menschliche Tod bedeutet. Der unendliche Wert des
menschlichen Lebens ist also unmittelbar abhängig von der unendlichen Hoffnung *wider* die
scheinbare Aussichtslosigkeit, die der menschliche Tod bedeutet.

In einer kleinen Geschichte aus einem Buch
von W. Schnurre sagt ein Atheist zu einem Pfar-
rer: „Die Vergänglichkeit – ich bekämpfe sie, Sie
leugnen sie." Der Atheist mag die übliche Einstel-
lung vieler Christen richtig definiert haben. Aber
die christliche Haltung müßte eine andere sein:
Der Christ tut, wirkt, hofft *alles* wider die Vergänglichkeit, die im Tod des Menschen so endgültig zu sein scheint. Er leugnet nicht einfach,
sondern er tötet die Hoffnungslosigkeit des Ster-
benmüssens durch die Hoffnung, d. h. durch den
Glauben an das Leben.

Damit ergibt sich ein zweiter Gesichtspunkt:
Wir glauben, daß wir in den Himmel kommen.
Ursprünglich ist damit nichts anderes gemeint,

als daß ein Leben, wie Jesus es gelebt hat, für uns zugleich entscheidendes Motiv und unbedingt angestrebtes Ziel bedeutet. Oder anders: Der Himmel, an den wir glauben, ist nicht ein jenseitiger Ort, in dem Gott wohnt und in dem wir einmal wohnen möchten; der Himmel ist vielmehr jene Realität, die mitten im menschlichen Leben beginnt; ist jene Realität, die dort anfängt, wo einer so zu leben versucht, wie Jesus das uns vorgemacht hat. Der Himmel, in den wir „hineinkommen wollen", in dem wir also niemals schon definitiv *sind*, beginnt dort, wo wir – wie Jesus – versuchen, die tödliche Einsamkeit des Menschen zu überwinden durch Nähe, die Verlorenheit des Menschen zu überwinden durch gemeinsame Hoffnung, die Unausweichlichkeit des Todes zu überwinden durch die Radikalität, mit der wir leben und am Leben hängen. Vater, gib uns die Kraft, zu hoffen wider alle Hoffnung.

Pfingsten

Gott, Vater unseres Herrn Jesus Christus, du hast uns Deine Liebe nicht wie ein Gesetz auferlegt. Du hast unsere Erlösung nicht abhängig davon gemacht, wie viele Gebote wir zu erfüllen imstande sind. Du hast die uralte Frage des Menschen, wer er sei, wohin er gehe und für wen er eigentlich gut sei, nicht mit einer Reihe von Lehrsätzen beantwortet. Du hast uns deinen Geist gegeben, „damit wir erkennen, was uns von Dir geschenkt worden ist" (1 Kor 2, 12). Du hast uns deinen Geist gegeben, damit wir in der Lage sind, einander zu verstehen, auch wenn wir verschiedene Sprachen reden. Du hast uns deinen Geist gegeben, der in uns Abba ruft und der für uns eintritt, wenn wir nicht wissen, worum wir bitten sollen.

Es ist dein Geist, der uns den anderen hören, sehen, spüren läßt und der unser egoistisches Herz zerreißt, bis wenigstens ein letzter Rest Liebe zum anderen, Ehrfurcht vor dem anderen Gesicht und dem fremden Wort herauskommt.

Es ist dein Geist, der uns die Zukunft schauen läßt und der zugleich die Alten zum Träumen bringt. Denn die Zukunft, die du bist, läßt sich nicht mit Gewalt, mit unseren gewaltsamen Händen machen – sie geschieht nur, wenn dein Geist Raum in unserer Geschichte hat und wenn wir diesen Geist nicht auslöschen.

Der Geist weht, wo er will

Gott, das Bekenntnis, daß dein und Jesu Geist weht, wo *er* will, daß wir nicht über ihn verfügen können und daß er niemals eine Note, eine Qualifikation ist, die wir nach unseren Maßstäben verteilen können – dieses Bekenntnis fällt nicht nur den Vertretern einer amtlich-geordneten Kirche, sondern auch uns selbst schwer.

Wenn wir z. B. deinen Geist den Tröster nennen, dann ist es verführerisch zu denken, daß der getröstete, der gelassene, der ausgeglichene Mensch deinen Geist habe. Aber genau das scheint nur die halbe Wahrheit zu sein; denn dein Geist kann wohl auch dort sein, wo einer sich mit einem vorschnellen Trost nicht zufriedengibt, wo einer seine Gelassenheit verloren hat, wo einer einseitig geworden ist, weil ihm der ewige Kompromiß kein Trost mehr sein kann. Wenn wir sagen, dein Geist sei der Geist der Wahrheit, dann ist es verführerisch zu meinen, dieser Geist sei immer dort, wo die einfache Klarheit herrscht; wir vergessen dabei, daß die Wahrheit für uns Menschen nur selten einfach und klar ist; daß sie darum schon nicht einfach und klar ist, weil unsere Worte im Lauf der Geschichte verschlissen, besetzt und somit unklar und mißverständlich geworden sind. Ist dein Geist des Mutes und der Tapferkeit nur dort, wo

einer vor lauter Mut ständig Porzellan zerschlägt?
Oder vielleicht nicht auch dort, wo der Mut sanft
– zur Sanftmut – geworden ist, weil einer über-
drüssig geworden ist am ewigen Siegen und
Rechtbehalten auf Kosten der anderen?

Jesus jedenfalls wollte nicht unter allen Umständen recht behalten und seine Wahrheit nicht
mit *allen* Mitteln durchsetzen. Der Geist, der sich
so ausdrückt, kann ein Geist des Trostes für uns
sein. Darum ist das Gedächtnis an Jesus eine Sache, die beglücken kann.

Bücher von Sabine Naegeli

Die Nacht ist voller Sterne

Gebete in dunklen Stunden

„Die evangelische Pfarrerin Sabine Naegeli greift in ihren Gebetstexten Erfahrungen von Leid und Gottesferne auf – die Texte möchten helfen, wie die Verfasserin schreibt, ‚den Blick zu weiten, Dinge und Situationen durchsichtig werden zu lassen auf Gott hin. Sie möchten den leidenden Menschen ermutigen, durchzuhalten und sich versöhnen zu lassen mit seinem Geschick‘. Dies gelingt ihr vor allem aufgrund ihrer einfühlsamen, klaren und engagierten Sprache." (Kirchenbote Osnabrück)

2. Auflage. 128 Seiten, Paperback
ISBN 3-451-20936-5

Du hast mein Dunkel geteilt

Gebete an unerträglichen Tagen

„Das Buch ist eine anspruchsvolle, aber auch ansprechende Quelle für jeden, der bereit ist, eigene existentielle Bedrängnis, aber auch die Leiden der Kirche und aller Menschen bewußt zur betenden Auseinandersetzung zuzulassen und dabei das Vertrauen in Gottes Lebenskraft zu bewahren."

(Diakonia)

7. Auflage. 112 Seiten, Paperback
ISBN 3-451-20185-2

Bücher von Karl Rahner

Gebete des Lebens

„Diese Gebete, in denen sich Karl Rahner selbst ganz einbringt, sind für den Leser Glaubenszeugnis, Glaubenshilfe und Ermutigung zum Wagnis des Glaubens. Sie empfehlen sich daher allen Christen, gleich welcher Konfession, und sie sind zweifellos eine Bereicherung für diejenigen, die sich mit dem Theologen Karl Rahner beschäftigen." (KNA)

7. Auflage. 208 Seiten, gebunden
ISBN 3-451-20091-0

Das große Kirchenjahr

Geistliche Texte

„Wer sucht und fragt, aber auch wer seine Freude hat an den kostbaren Glaubensgeheimnissen von Messe und Kirchenjahr, sei hingewiesen auf eine vorzügliche Sammlung der prägnantesten Predigt- und Meditationstexte Karl Rahners. Das ist ein idealer Begleiter durch das liturgische Jahr ... Dabei wird der beglückende Reichtum des Kirchenjahres erfahrbar in Kontinuität und Spannungsweite als eine einladende Spiritualität für den Menschen von heute." (Fuldaer Zeitung)

576 Seiten, gebunden. ISBN 3-451-21055-X

Herder Freiburg · Basel · Wien